"十三五"国家重点出版物出版规划项目

汉语韵律语法丛书

冯胜利 端木三 王洪君 主编

上古汉语韵素研究

——以"吾""我"为例

赵璞嵩 著

北京语言大学出版社
BEIJING LANGUAGE AND CULTURE
UNIVERSITY PRESS

© 2018 北京语言大学出版社，社图号 18217

图书在版编目（CIP）数据

上古汉语韵素研究：以"吾""我"为例 ／ 赵璞嵩
著．－－ 北京：北京语言大学出版社，2018.12
（汉语韵律语法丛书 ／ 冯胜利，端木三，王洪君主
编）
ISBN 978-7-5619-5367-9

Ⅰ.①上… Ⅱ.①赵… Ⅲ.①汉语－上古音－韵律（
语言）－研究 Ⅳ.① H111

中国版本图书馆 CIP 数据核字（2018）第 273805 号

上古汉语韵素研究 —— 以"吾""我"为例
SHANGGU HANYU YUNSU YANJIU——YI "WU" "WO" WEI LI

排版制作：北京创艺涵文化发展有限公司
责任印制：周　燚

出版发行：北京语言大学出版社
社　　址：北京市海淀区学院路 15 号，100083
网　　址：www.blcup.com
电子信箱：service@blcup.com
电　　话：编 辑 部　8610-82303647/3592/3395
　　　　　国内发行　8610-82303650/3591/3648
　　　　　海外发行　8610-82303365/3080/3668
　　　　　北语书店　8610-82303653
　　　　　网购咨询　8610-82303908
印　　刷：北京虎彩文化传播有限公司

版　　次：2018 年 12 月第 1 版
印　　次：2018 年 12 月第 1 次印刷
开　　本：880 毫米 ×1230 毫米　1/32　　　印　张：5.625
字　　数：126 千字
定　　价：49.00 元

PRINTED IN CHINA

总 序

我国学者对韵律的关注有着悠长的历史。《毛诗序》说："情发于声，声成文谓之音。"这是古人区分随意的"声"与有序的"音"的最早论述。《荀子·乐论》云："（先王）故制《雅》《颂》之声以道之，使其声足以乐而不流，使其文足以辨而不諰，使其曲直、繁省、廉肉、节奏，足以感动人之善心……"这是古人用声律来区分雅俗、节奏的千年古训。

在中国古代的节律研究史上，对韵律规则关注最细密、阐述最清楚的莫过于南朝的沈约[1]。他说："欲使宫羽相变，低昂舛节，若前有浮声，则后须切响，一简之内，音韵尽殊，两句之中，轻重悉异。"(《宋书·谢灵运传论》）这里的基本精神与当代韵律学创始人 Liberman 的"相对轻重论"[2] 是一致的。当然，沈约也自知局限："韵与不韵，复有精粗，轮扁不能言，老夫亦不尽辨此。"(《答陆厥书》）稽古鉴今，从 Liberman "相对轻重论"发展出来

---

[1] 沈约（441—513），字休文，吴兴武康（今浙江德清）人，南朝史学家、文学家。他在给陆厥的信中说："（古人）虽知五音之异，而其中参差变动，所昧实多，故鄙意所谓'此秘未睹'者也。以此而推，则知前世文士，便未悟此处。"

[2] M. Liberman. *The Intonation Systems of English*. PhD dissertation, MIT, 1975.

的当代节律学（metrical phonology）给了我们辨识"韵之精粗"的现代工具。①

古代的韵律不仅涉及发音，还事关语法。最早触及这个题目的当属唐代的孔颖达。他在《毛诗正义》里疏解"视民如禽兽"时说："《经》言'虎''兕'及'狐'，止有兽耳，言'禽'以足句。"他在疏解《召南》"羔羊之皮"的时候说："兼言羊者，以羔亦是羊，故连言以协句。"其中的"足句""协句"（其他尚有"圆文"等韵律分析）都为今天韵律语法的建立，提供了古代的语料和证据。

在汉语语言学史上，最早发现韵律制约句法现象的当首推马建忠。② 他在研究"易之以羊"和"以羊易之"两种句型时精辟地指出："转词介以'以'字置于止词之后者，盖止词概为代字，而转词又皆长于止词。"（《马氏文通》）就是说，如果动词的宾语是代词，而介词的宾语又较长的话，那么就要采用 [[V+ 代][以 +NP]] 的格式。以成分的长短定词序，正是从韵律控制句法的角度看问题。然而，值得回味的是，马氏虽然惊

---

① 注意：在 Liberman 之前，Chomsky, Halle, and Lukoff（1956）早已奠定"循环重音指派"（cyclic stress assignment）的操作体系〔也即韵律跟语法的直接相关性。参 On accent and juncture in English. In: Morris Halle, Horace Lunt, Hugh MacLean, and Cornelis van Schooneveld (eds.), *For Roman Jakobson*. The Hague: Mouton, 1956. 65-80.〕。而 Halle and Keyser（1966、1971）的文章更可看作生成节律学（generative metrics）的创始之作〔其中的重音分布规律，采用了 Chomsky, Halle, and Lukoff（1956）的理论，认为重音跟句法直接相关。参 Morris Halle and Samuel Jay Keyser. Chaucer and the study of prosody. *College English* 28.3 (1966): 187-219. 及 Morris Halle and Samuel Jay Keyser. *English Stress: Its Form, Its Growth, and Its Role in Verse*. New York: Harper and Row, 1971.〕。

② 事实上，乾嘉学者如王念孙等均有很好的发明，但当时"韵律训诂"方面的研究才刚刚开始。

人地发现了韵律的作用，但却说"惟排偶声律者，等之'自邻以下'耳"——将韵律的因素排斥在句法之外。他一方面卓有发明，另一方面又自毁长城，为什么呢？究其根本，是没有理论的缘故。[①] 于是杨树达批评他说："但据类例之多少为言，绝无何等理论为根据也。"（《马氏文通刊误》）我们吃没有理论的亏，太多了！殊不知，我们吃不能（不善？不屑？）创造理论的亏，更大、更多！没有理论，很难准确地把握现象，到手的东西也终将复失，更不消说本质与规律。马氏韵律语法的失败在没有创立理论。事实上，马氏不仅没有韵律理论，他的句法理论也不独立（《马氏文通》大抵以拉丁语法为底本）。当然，我们在看到理论之必要（necessary condition）的同时，也不能忘记它并非充分条件（sufficient condition）。原因很简单，即使有了理论也不能保证对现象的揭示准确无误。乔姆斯基的管约句法论（government-binding theory）可谓理论，但根据这个体系，Zwicky and Pullum（1986）得出的却是一个错误的结论：句法无语音原则（Principle of Phonology-Free Syntax）[②]。他们说："句法无语音原则是为跨语言而设定的语法，该语法禁止句法规则或句法限定参考音系的信息。"〔The Principle of Phonology-Free Syntax (PPFS) is a proposed universal principle of grammar that prohibits reference to phonological information in syntactic rules or

---

① 什么是理论？我们认为，其本质属性主要有两点：一是要把假设和规则说明确（explicit），一是要有可验证的预测（make verifiable predictions）。参 Karl R. Popper. *The Logic of Scientific Discovery*. New York: Basic Books, 1959.

② Arnold M. Zwicky and Geoffrey K. Pullum. The principle of phonology-free syntax: introductory remarks. *Working Papers in Linguistics* 32. Columbus, OH: The Ohio State University, 1986. 63-91.

constraints.]①

在形式句法理论界，这一"句法无语音"的错误信念直到最简方案出来后才逐渐改变。2008 年 11 月 7～9 日在康奈尔大学召开的第 39 届 NELS 会议的广告上，我们第一次听到这样的声音：

"The design of the grammar is standardly assumed to be complex, involving components such as phonetics, phonology, syntax and semantics. The initial view that components of the grammar are autonomous has proven to be overly strong, and more and more cases of interfaces among components have been documented. This in turn opens questions about the extent and nature of such interfaces: is there a line between interacting components and components without borders?"

基于这种新的认识，会议邀请学者投交有关 "explore empirical as well as theoretical aspects of the interfaces among two or more components of the grammar, and formal tools that capture such interfaces" 的论文。时隔不久，Richards 在 *Uttering Trees*（2010）一书中便提出 "疑问词移位"（*wh*-movement）是由韵律导致的的看法：疑问词移位的句法运作发生在韵律刚好需要的情况下（The syntactic operation of *wh*-movement takes place just in case the prosody requires it.）。在 20 世纪 70～80 年代的形式句法里，这是不可想象的。

国际韵律语法研究风起云涌，我国韵律语法研究的情况则很

---

① 引自 Philip H. Miller, Geoffrey K. Pullum, and Arnold M. Zwicky. The principle of phonology-free syntax: four apparent counterexamples in French. *Journal of Linguistics* 33 (1997): 67-90.

不同。我们一向没有宏大系统的语言学理论，自然也没有 Zwicky
那样极端、绝对的理论错误。从上面看到，韵律对语法的作用我
国古代先贤早有揭晓，进入当代，相关研究层出不穷。最明显、
最有影响的是郭绍虞的"弹性词说"（1938）[1]和吕叔湘的 2+1、1+2
的"趋势说"（1963）[2]。当然，赵元任的"电离化（ionization）/
离合词"理论，更堪称早期韵律语法最精辟的分析：

可是既然咱们可以说"上了一堂课"，何以不能说"体了一
堂操"？要是照字面意义来说，"操了一堂体"应该更合逻辑，可
是却没人这么说。这又是语音的因素比逻辑的因素更重要的关
系。但是动—宾式结构的抑扬型韵律就足以强迫"体"作动词，
"操"作宾语，不管逻辑不逻辑。因此"体了一堂操"就成了学
生的经常用语了。

——《中国话的文法》[3]

这里"抑扬型韵律就足以强迫'体'作动词，'操'作宾语，
不管逻辑不逻辑"一语，为我们开辟了一个新的研究领域。顺
此而推，汉语韵律的另一重要属性就是近年来发现的"韵律的
形态功能"（参本系列丛书中王丽娟《汉语的韵律形态》）。这方
面的研究，我们甚至可以溯源到陆宗达、俞敏（1954）对"开开
儿"（动词，重音在第一个"开"上，如：这水得开开儿再喝）和
"开开儿"（形容词，重音在"开儿"上，如：这水开开儿的，正
好沏茶啊）等北京话词语的重音分析。[4]

---

[1] 《中国语词之弹性作用》，载于《燕京学报》1938 年第 24 期。

[2] 《现代汉语单双音节问题初探》，载于《中国语文》1963 年第 1 期。

[3] 刘梦溪主编《中国现代学术经典》"赵元任卷"中的《中国话的文法》，河北
教育出版社，1996 年。

[4] 陆宗达、俞敏，《现代汉语语法》（上册），群众书店，1954 年。

　　汉语韵律语法研究的另一大宗是它在文学上的作用。我国（和邻邦）的学者在这方面的研究有着长久的历史和丰富的学说。南朝沈约的"浮声、切响"（《宋书·谢灵运传论》）、刘勰的"往蹇来连"（《文心雕龙·声律》），唐代日本和尚遍照金刚的"诗行两半（半逗律）"（《文镜秘府论》），清代桐城派学者刘大櫆的"音节神气"（《论文偶记》），以至于当代启功先生的"诗节韵律"（《诗文声律论稿》），等等，都是我国古今节律学研究的宝贵财富，亟待总结和开发。

　　如果说郭绍虞的"弹性"、吕叔湘的"趋势"和赵元任的"电离化"均是以 20 世纪 70 年代以前的传统韵律理论为基础进行研究的话，那么我国当代韵律语法的研究则是以 Chomsky、Halle、Keyser 以及 Liberman 等当代学者 70 年代前后提出的"相对轻重说（relative prominence）"[1] 为基础，伴随 80 年代改革开放带来的西方当代语言学理论的引入而开始的。我们知道：汉语韵律语法的研究以"句法影响/制约韵律"为起点。譬如 C. C. Cheng（1973）[2] 提出的以句法分枝为上声变调域的观点，Chilin Shih（1986）[3] 和 Matthew Chen（2000）[4] 进行的以句法为基础的音步研究（foot formation based on syntax），Matthew Chen 和他的学生提出的以句法 XP 为界确定的连音变调域（如 Chen，

---

① M. Liberman and A. Prince. On stress and linguistic rhythm. *Linguistic Inquiry* 8 (1977): 249-336.

② C. C. Cheng. *A Synchronic Phonology of Mandarin Chinese* (*Monographs on Linguistic Analysis*, No. 4). The Hague: Mouton, 1973.

③ Chilin Shih. *The Prosodic Domain of Tone Sandhi in Chinese*. PhD dissertation, University of California, San Diego, 1986.

④ Matthew Chen. *Tone Sandhi: Patterns across Chinese Dialects* (*Cambridge Studies in Linguistics*, No. 92). Cambridge, UK: Cambridge University Press, 2000.

1987）①，Selkirk（1986）② 受到 Matthew Chen 影响后提出的"界定参数"（edge-setting parameters）和"韵律范畴域"（domains of prosodic categories），Selkirk and Shen（1990）③ 观察到的上海方言里"句法—韵律错配现象"（phonology-syntax mismatches），还有 Duanmu（1995、1999）④ 提出的上海话连音变调域的重音循环指派法（tone sandhi domains are based on cyclic stress assignment），等等，都是从"句法影响韵律"的角度进行的研究。与此同时，Matthew Chen（1979）⑤ 还进行了"句法—韵律相互影响"的研究。他在汉语律诗的探讨中提出句法分枝和韵律分枝必须彼此对应的规律。当然，令人更为关注的是突破 Zwicky"句法无语音原则"的新理论："韵律对句法的影响和制约"。这方面我们首先看到的是 Inkelas and Zec（1990）⑥ 有关韵律制约句法的研究，其次

① Matthew Chen. The syntax of Xiamen tone sandhi. *Phonology Yearbook* 4 (1987): 109-149.

② E. Selkirk. On derived domains in sentence phonology. *Phonology Yearbook* 3 (1986): 371-405.

③ E. Selkirk and Tong Shen. Prosodic domains in Shanghai Chinese. In: Sharon Inkelas and Draga Zec (eds.), *The Phonology-Syntax Connection*. Stanford and Chicago: CSLI Publications and University of Chicago Press, 1990. 313-337.

④ S. Duanmu. Metrical and tonal phonology of compounds in two Chinese dialects. *Language* 71.2 (1995): 225-259. & S. Duanmu. Metrical structure and tone: evidence from Mandarin and Shanghai. *Journal of East Asian Linguistics* 8.1 (1999): 1-38.

⑤ Matthew Chen. Metrical structure: evidence from Chinese poetry. *Linguistic Inquiry* 10.3 (1979): 371-420.

⑥ Sharon Inkelas and Draga Zec (eds.), *The Phonology-Syntax Connection*. Stanford and Chicago: CSLI Publications and University of Chicago Press, 1990. 365-378.

是 Feng（1991、1995）[①] 有关汉语的韵律结构和韵律制约的句法研究。继此则有 Zubizarreta（1998）的 P-movement[②] 以及董秀芳（1998）[③] "韵律制约的动补结构"等一系列的韵律制约句法的研究。

在新兴韵律理论的影响下，汉语韵律语法的研究发生了质的变化。早在 20 世纪 80 年代初期，语言学论坛上就涌现出一批年轻的韵律语法研究者，如陆丙甫、吴为善、张国宪、端木三、冯胜利等。1990 年，端木三与陆丙甫提出"辅重论"[④]，打响了当代韵律语法研究的第一枪。1997 年冯胜利到四川大学讲授韵律构词学（词汇化）和韵律句法学（核心重音）[⑤]，不久就有了董秀芳的《述补带宾句式中的韵律制约》（《语言研究》1998 年第 1 期）[⑥]。此后，韵律语法方面的研究论文便如雨后春笋般涌现。经过近 20 年来的蓬勃发展，韵律语法研究在中国已蔚为大观。最为突出的就是杨树达所批评的马建忠没有理论的情况已大为改观：当代汉语韵律语法有了自己的理论。最初是端木三的"辅重论"（1990、2000）和冯胜利的"核心重音说"（1991、1995），后来则有《汉语非线性音系学》（王洪君，1999、2008）、《汉语韵律句法学》（冯

---

① S. Feng. Prosodic structure and word order change in Chinese. *The Penn Review of Linguistics* 15 (1991): 15-21. & S. Feng. *Prosodic Structure and Prosodically Constrained Syntax in Chinese*. PhD dissertation, UPENN, 1995.

② M. L. Zubizarreta. *Prosody, Focus, and Word Order*. Cambridge, MA: The MIT Press, 1998.

③ 《动补带宾句式中的韵律制约》，载于《语言研究》1998 年第 1 期。

④ 其论文 2002 年发表于 *Journal of the Chinese Language Teachers Association* 37.2: 123-136，名为 "Rhythm and syntax in Chinese: a case study"。

⑤ 讲稿后来修改为《汉语的韵律、词法与句法》出版，北京大学出版社，1997/2005/2009。

⑥ 她后来从功能角度研究"词汇化"，成绩显著，但是给韵律导致的双音化的研究留出了很大的空间，有待开发。

胜利，2000）、Chinese Phonology（Duanmu，2000）以及 Prosodic Morphology（Feng，1997）^① 等不同学说和理论的纷纷出炉。在中国，这些都是前所未有的新理论，因此也不容易一下子为人所理解。老实说，韵律语法理论的起步是相当艰难的，不仅当时的研究生，就是一般的学者对其中的"形式句法理论""形式音系理论"也不太熟悉。为培养兴趣、奠定基础，韵律语法理论的引进和普及，最初采取的是"近取诸身"的做法。^② 譬如把"核心重音"说成"不能头重脚轻""切忌尾大不掉"〔而不是"管约（government and binding）为基础的核心重音的指派"〕。即使涉及管约的定义，也为便于理解而从简解说（informally speaking），把"公式化的形式限定"说成大家能理解的"动词后不能有两个（可携带重音的）成分"，诸如此类，不胜枚举。结果呢？虽便于初学和理解，但也带来了始料未及的误解和分歧。有人不理解其中的运作，说："汉语的名词可以做谓语，可见动词指派重音的理论有问题。"有人怀疑说："句子的焦点重音是任意的，如何影响句法？"有人歧解道："汉语的句子可以不用动词，可见动词指派重音的操作是错的。"有人质疑道："1+2 的'铁公鸡'可以说，凭什么说 1+2 不合法？"还有人直接反对说："汉语没有重音，也没有音步，因此用重音、音步建立起来的韵律理论靠不住！"疑惑之极，竟有人质问："韵律的作用到底有多大？"显然，有些问题

---

① S. Feng. Prosodic structure and compound words in classical Chinese. In: Jerry Packard (ed.), *New Approaches to Chinese Word Formation: Morphology, Phonology and the Lexicon in Modern and Ancient Chinese*. Berlin: Mouton de Gruyter, 1997. 197-260.

② 王国维在讨论中国历史上引进西方新思想的实例时认为"西洋之思想之不能骤输入我中国，亦自然之势也"（《论近年之学术界》）。陈寅恪提倡"取珠而还椟"的方法（《吴宓与陈寅恪》）。其意至深，足资为鉴。

已经超出学科的范围，因为我们一般不问"化学的作用有多大"。当然，我们都知道：如果"汉语没有音步"的话，怎么可能"55/55/555""柴米 / 油盐 / 酱醋茶"的节律停顿都一样？假如"汉语没有重音（或凸显）"的话，那么人类语言节律中的"相对凸显律"将由何表现？我们更知道，新领域开辟、新学科建立之初，出现不同的意见和争议是很正常的。章太炎先生曾慨叹孙诒让的学术之所以未宏于世，是因为没人反对[①]；而对生成语法的质疑之声至今不绝于耳，却反促其发展，则更是范例。即如 1+2 的"铁公鸡"，虽非反例，但它给韵律语法提出了挑战。挑战促使我们发掘、发现更深的规律、更多的解释。1+2 [名词 + 名词] 为韵律理论所不容，然而就在解决这些反例的过程中我们发现了两条新的规律：一是"材料"（铁公鸡、木地板、棉手套；? 钢铁公鸡、木头地板、? 棉花手套）可用 1+2；二是"所有格"（班主任、校领导；班级主任、学校领导）可用 1+2。为什么呢？原因很可能是"材料、所有格"实际上是形容词性而不是名词性成分的缘故（参 Feng, 2001；Duanmu, 2012）[②]。这类现象，前人没有解释，甚至很难想到。因此，本着真理出于争辩的理念以及促进新兴学科发展的愿望和责任，我们编写了这套丛书。可以说，这套丛书是这个学科不断发展和成熟的标志，是东西方学术研究交汇和碰撞的结果，当然也是这个学科有待整合、总结以便深入发展的

---

① "自孙诒让以后，经典大衰。像他这样大有成就的古文学家，因为没有卓异的今文学家和他对抗，竟因此经典一落千丈，这是可叹的。我们更可知学术的进步是靠着争辩，双方反对愈激烈，收效方愈增大。"《国学概论》，中华书局，2003 年，第 33 页。

② S. Feng. The multidimensional properties of wordhood in Chinese. *Contemporary Linguistics* 3 (2001): 161-174. & S. Duanmu. Word-length preferences in Chinese: a corpus study. *Journal of East Asian Linguistics* 21.1 (2012): 89-114.

需要。

　　这套"汉语韵律语法丛书"的作者都是韵律语法领域中的前沿工作者。他们有的是该学科的资深学者，有的是该领域里的年轻新秀，但他们有一个共同点，就是对此新兴学科的热爱与执着，他们都在这一领域富有自己的心得和体会。

　　美国学者 Simpson 在 2014 年出版的《汉语语言学手册》（ *The Handbook of Chinese Linguistics* ）里面说：

　　将来的韵律与语法的相互作用的研究，无论是跨方言的共时研究，还是历时的研究（这是具有可能性的），都是未来汉语语言学研究中的一个丰富而内容充实的领域，是一个汉语可以为"有关人类语言的普通语言学理论"做出重要贡献的领域。①

　　这是对我们以往韵律语法研究的总结，更是我们将来努力的方向。是为序。

冯胜利（执笔）

2015 年 6 月

---

① Andrew Simpson. Prosody and syntax. In: C.-T. James Huang, Y.-H. Audrey Li, and Andrew Simpson (eds.), *The Handbook of Chinese Linguistics*. Oxford: Blackwell, 2014. 465-491.

目 录

1

第一章

绪　论

韵素指音节中韵母所包含的要素。汉语韵素包括韵腹和韵尾，比如"[pan]（班）"包含的韵素分别为 [a] 和 [n]。上古汉语的韵素分析，旨在研究上古汉语韵律音系。近二十年来，现代汉语韵律现象与理论的研究已形成规模，获得了很多重要的发现。与此同时，对古代汉语韵律结构的研究，正在向深入发展。上古汉语的韵素研究是在现代韵律理论的基础上进行的，韵素分析虽然刚刚起步，但对上古汉语中存在的一些问题却表现出了巨大的解释力。比如，在"尔为尔，我为我"的焦点对比句里，从不用"吾"，这不是句法可以解释的问题。针对这一问题，俞敏（1999c）提出了一个重要的观点：

> 那么"吾丧我"的分别，到了儿是怎么回事呢？……先看看这两个字在《孟子》里用在语丛里的地位怎么样，用法儿怎么样。照我看，"吾"跟"我"两个字儿的分别可以拿两句话包括：
>
> "吾"向来不用到语丛的尾巴上，"我"可以，比方"非我也"。
>
> 凡是对比重念的地方儿，全用"我"，比方"尔为尔，我为我""彼以其富，我以吾仁；彼以其爵，我以吾义"这一类的。咱可以看出来："吾""我"的分别纯粹是个声音问题：凡在语丛尾巴上的，或者有对比的，

一定念得重，所以是 ŋad。凡后头还有别的字的，因
为往往念得轻，所以写的时候儿把收尾音忽略了，就
是 ŋa。

俞敏先生的这段话明确提出："吾""我"在语音上的分别源于
两者收尾音的不同。"我"与"吾"在古代汉语中之所以表现出
使用上的差异，其根本原因在于"吾"的韵母只有一个韵素 [a]，
"我"的韵母有两个韵素 [a] 和 [d]。也就是说，韵素多少能够决
定音节能否承重。换言之，轻重的分布与音节内成分的分布一一
对应。

随之而来的一系列问题是亟待解决的，如果按俞敏先生的分
析，"我" [ŋad] 比"吾" [ŋa] 念得重，前者是后者的强调式，为何
强调式要选择 [ad] 的形式？我们知道，现代汉语的语音系统也存
在 [ad] 与 [a] 的差异，为何我们不觉得"八" [pa] 和"掰" [pai] 有
语音轻重的分别呢？这恰恰说明古今韵律的不同。那么我们就必
须对上古汉语"音段特征可以区别语音轻重"的机制进行解释。
没有韵素分析的方法，我们就无法说明这一对立产生的本质原因
和轻重的实现方式。

韵素分析法能帮助我们发现和预测一大批"吾""我"的互
补分布现象，探索两者使用中非此即彼的语言环境。比如凡属
"停顿位置""焦点重音"结构，我们就可以通过韵律理论来预测
"吾""我"的分布：语音空拍前的位置，只出现"我"，而绝不
出现"吾"。例如，句末位置只有出现"我"才合法，出现"吾"
不合法：

（1）仲子生而有文在其手，曰为鲁夫人，故仲子归于我。

（《左传·隐公元年》）

（2）*仲子生而有文在其手，曰为鲁夫人，故仲子归于吾。

不仅句末位置对第一人称代词有绝对的限制作用而且，判断句主题位置也只能用"我"：

（3）我，大史也，实掌其祭。（《左传·闵公二年》）

（4）*吾，大史也，实掌其祭。

这说明，当一个代词存在一强一弱两种形式时，语音空拍前的位置永远不允许出现弱的形式。语音空拍要求它之前的音节是一个实足的音步，作为第一人称代词的标准形式，"我"自身可以形成一个音步，那么就直接进入这个位置，而无须被弱化。语音停顿前的位置从不提供语音弱化的条件。

同样的，我们也可以预测，先秦汉语中"我"是实现焦点重音的语音标记，焦点重音的位置从不出现"吾"：

一、副词"则"前表示对比焦点的位置，只能用第一人称代词"我"：

（5）楚有五败，晋不知乘，我则强之。（《国语·周语》）

（6）*楚有五败，晋不知乘，吾则强之。

二、在排他性标记"唯"之后只出现"我"，如：

（7）诸侯唯我事晋，今使不往，晋其憾矣。

（《左传·定公六年》）

（8）*诸侯唯吾事晋，今使不往，晋其憾矣。

三、上古汉语需要前置第一人称代词以表强调时，也只选择"我"，如：

（9）野语有之曰："闻道百，以为莫己若"者，我之谓也。

（《庄子·秋水》）

（10）*野语有之曰："闻道百，以为莫己若"者，吾之谓也。

四、在前后文对举时，只能用"我"与另一方对举，不能用"吾"，如：

（11）我无尔诈，尔无我虞。（《左传·宣公十五年》）

（12）*吾无尔诈，尔无吾虞。

事实上，"吾""我"是最典型的一个韵律对立的例证，上古汉语中还有大量同（近）义词音节轻重对立的证据（Takashima，1999）：

如 [nja]	若 [niak]
何 [g'a]	曷 [g'at]
胡 [g'o]	恶 [ʔak]
有 [wjə]	或 [wjək]

上古代词轻重有很多对立（潘悟云，2001）：

吾 [ŋa]	汝 [nja]	夫 [pa]	胡 [ga]
我 [ŋal]	尔 [njel]	彼 [pal]	何 [gal]

疑问助词也有轻重的对立（冯胜利，2013b），比如"乎""邪""也"三者并列使用时，有次序的先后不同。

（13）不知人杀乎，抑厉鬼邪！（《国语·晋语》）

（14）子岂治其痔邪？何得车之多也？（《庄子·列御寇》）

提顿词"者""也"前轻后重也是韵律的作用（冯胜利，2013b）：

（15）古者冠缩缝，今也衡缝。（《礼记·檀弓上》）

（16）古者民有三疾，今也或是之亡也。（《论语·阳货》）

语言事实让我们看到"收尾音关乎语音轻重"的判断不仅对于上古汉语的研究具有普遍的意义，而且是涉及整个音系及类型学的重要问题。

本书将在假设韵素存在的基础上，从解决第一人称代词"吾""我"对立的问题入手，对先秦汉语如何实现韵律的轻重进行相关的探讨。本书在韵素理论的研究框架下，不仅从共时的角度对导致两者对立的原理机制进行解释，在运作上加以说明，尤其重要的是，还将从历时的角度对二者的演变做出阐释。我们认为，只有韵律结构的演变才能对"吾""我"对立的消失做出完满的说明。因为只有从韵律理论来看，二者的对立才必然会消失。在前期的研究中，我们已找到许多可以测探上古汉语韵律特征的方法，但尚有大量的工作需要完成，将来随着研究的进一步深入，必然会发现更多的相关现象、更多的材料，它们将为印证上古汉语韵素对立的理论增加更多的坚实证据。

思考与练习

1. 上古汉语中哪些位置可以预测音步的轻重？请举例说明。你还能想到哪些新的方法？

2. 请分析俞敏先生提出"'吾''我'的差别实际上是语音问题"具有什么重要的意义。

3. 请举例说明除"吾""我"之外，上古汉语还有哪些典型的轻重对立对。它们在上古汉语中有哪些典型的表现？

2

韵素与韵素音步

"Mora"指"音节韵母中所包含的最小的韵律成分",多数情况下在汉语里被翻译成"莫拉"。冯胜利（1997）将其翻译为"韵素",能够更为明确地体现出它作为韵律层级中最小单位的属性,并且能与词素等术语相互照应。[①]

《现代语言学词典》（228页至229页）这样定义"韵素"这个概念：

> 节律学的传统术语,用来指节律的时间或轻重的最
> 小单位,现用于非线性音系学的一些模型（如节律音系
> 学和韵律音系学）,成为一个单独的音系表征层次。将
> 音段分析成韵素,这通常只适用于节核和节尾（韵基）,
> 不适用于节首（"节首/韵基不对称"）。韵素结构能说
> 明其他模型用骨架层之类概念描写的许多现象。在韵
> 律层级中,韵素层用符号 μ（"谬"）表示。韵素计数
> （mora counting）的概念用来处理那些有重音节〔二韵
> 素或双韵素（bimoraic）〕和轻音节〔一韵素或单韵素
> （monomoraic）〕对立的语言,并处理各种类型的重音
> 节之间的等价关系。例如,拉丁语中一个长元音等价于
> 两个短元音或一个短元音加辅音。

从以上定义我们可以看到,韵素的概念涉及一些重要的内容：

---

① 本书采用"韵素"来代表 mora 这个单位,而不用"莫拉"。

首先，韵素是节律分析的最小单位；

第二，韵素的分析只针对音节中的韵核和韵尾，并不涉及一个音节的声母。韵素分析排斥声母是因为声母的数量不承担音节重量（weight）；

第三，对于有"双韵素／单韵素对立"的语言来说，需要用韵素的概念处理音节之间的关系。在音节结构的树形图上，一个节点就统辖一个单韵素。

韵素概念的引入，对人类语言区别轻重音节具有非常重要的影响。根据类型学的研究，人类的许多语言是基于音节重量对音节进行区分的，而音节的重量取决于韵素的数量。根据目前的研究，人类语言中的音步一般分为两种类型：音节音步和韵素音步。前者是以音节为单位组成音步，在音节音步的语言（如汉语）里，或轻或重由音节来表现。在韵素音步的语言（如日语）里，轻和重可以在两个韵素之间完成，轻重的关系可以在一个音节里实现。这说明，在韵素音步的语言中，韵素的多少与韵律的轻重密切相关，具体来说，表现为音节的长短与音节轻重的关系。

既然韵素音步是以韵素为基础建立轻重的韵律单位，韵素音步的语言一个音节内部就可以满足音步分枝的要求，那么音节与音节之间在韵律上的轻重要如何衡量呢？这就涉及"音节的长短与词汇的轻重的关系"。冯胜利（2000b）分析说明了这种关系建立的机制："长短音节在使用中仍可以表现出轻重之别，其根本原因在于韵母能否一分为二、能否满足音步的要求。满足音步的则表现为重，不满足音步的则表现为轻。由此可见，音节的轻重是以能够'自成音步'为基础。"以上的分析指出长音节和短音节在语言使用中体现出的差异。根据韵律音系学的原理，单韵素是轻音节，重音节是音长大于一个韵素的音节。这说明长短元音之所以可以表现轻重的对立，是因为前者在结构上没有分枝，后者有分枝。

值得注意的是，就汉语而言，远古汉语的韵律结构和截至东汉发展起来的韵律结构有着本质的不同。前者是韵素音步，后者是音节音步。之前的研究已经提供了很多有力的证据。我们知道，以 CVC 与 CV 结构构成轻重对立，是先秦汉语的韵律特征。高岛谦一（Takashima，1999）曾列举上古汉语中阴声韵（CV）与入声韵（CVC）的强弱对立，指出与阴声韵对应的入声韵因多出一个塞音韵尾，在韵律上就体现为相对于无韵尾音节的重形式，即：

如 [nja]	若 [niak]
何 [g'a]	曷 [g'at]
胡 [g'o]	恶 [ʔak]
有 [wjə]	或 [wjək]

毕鄂（Behr，2005）在对青铜器铭文的研究中指出古汉语不是一个以音节计数的语言。冯胜利（2009）指出在上古汉语中韵素的多少直接关系到音节的轻重，提出应将古代汉语二分为东汉以前"音段形态类型"的语言和东汉以后才逐步形成的"超音段形态"为主的语言两大类型。

韵律类型演变的主张引导我们从语言类型的角度思考汉语史演变的面貌，注意到韵律演变对语言变化起到的关键作用。由此看来，韵素音步作为上古汉语语音系统的重要特征，如何在语音系统中发挥作用，又如何影响语音系统的转变，这些问题的解决将成为汉语史研究中一个重要的契机。随之而来，必然会有越来越多新现象被发现，我们对于上古汉语的认识将有新的改观。韵素的研究对解决上古汉语中存在的问题起着至关重要的作用，我们将在后面的讨论中运用韵素分析的方法，从韵律的角度重新审视音系和人称代词的对立，通过引入韵素音步理论，为解决汉语史语音、语法及语义等问题进行一次全新的探索。

思考与练习 ————————————————————

1. 什么是韵素？

2. 人类语言的音步一般分为几种类型？

3. 以一种韵素音步语言为例，说明韵素特征在该语言中的作用。

3

汉语"'吾'轻'我'重"现象的发现与解释

上古汉语中第一人称代词"吾""我"常在一个句子中交替使用，这种现象经过学术界的广泛研究和讨论，目前仍众说纷纭，没有一个较为明确的答案。

根据洪诚（1962）的研究，对"吾""我"的区别，五四以前有三种看法：1.就己而言则曰吾，因人而言则曰我。代表人物有元代赵德、清代俞樾等。2."吾""我"二字是格位的区别，代表人物是马建忠。3."吾""我"属于语音轻重之别，没有语法、语义之分，上下句变换同义人称代词，只是书面语对偶的现象，口语不可能如此。持这种看法的有段玉裁、刘知几和章太炎。后来，周生亚（1980）又将学术界的观点分为四派十一种，分别是：1.训诂派；2.修辞派；3.时空派；4.语法派。魏培泉（2004：11）将这四派的特征进行了归纳：

> 前两派认为代词的区别是个人的修辞行为，第三派则认为区别只是时间或地域造成的。总之这三派并不是从语法的角度出发。第四派包括形态说以及重读（或强调）说。

洪诚（1962）归纳的第一种观点，属于"训诂派"；第二种观点属于"语法派"，这一派试图用"格位"的区别来解释"吾""我"的交替使用；第三种观点介于"训诂派""修辞派"与"语法派"之间，虽然指出"吾"轻、"我"重，但同时也认为这是修辞现象。"训诂派""修辞派"的观点是从功能的角度出发，不能作为语言机制内部的决定性因素，"时空派"不能说明同一部书使用同义第一人称代词的原因。而"语法派"从形态或语音的角度考察上古汉语，具有解释"吾""我"演变过程的积极意义，也许能为我们进一步探寻二者对立的真正原因提供良好的契机。"语法派"里"语音轻重派"的观察和论述尤其值得我们关注。这一派认为"吾""我"之异实属轻重语音之别。这种看法的价值在于，能解释同一部书甚至同一句子中"吾""我"交替换用的情况，也可以说明许多"格位说"无法解释的例外现象。本书的主要内容和重要观点就与"语音轻重派"密切相关。

前人在发现上古汉语第一人称代词"'吾'轻'我'重"的过程中，提出过四类观点：第一类观点是"形态对立说"；第二是"轻重对立说"；第三是"焦点对立说"；第四是"韵素对立说"。本章将具体介绍这几类观点，探讨前三类观点在解决"吾""我"对立现象时存在的问题，进而提出韵素研究在解决"吾""我"难题上的优势。

第一节 "形态对立说""轻重对立说"与"焦点对立说"

研究"'吾'轻'我'重"现象，必须探究这一现象产生的原因。之前的研究主要提出过四类观点。本节将对前三类观点做逐一的介绍，并针对每个观点进行全面的分析，指出韵素的韵律功能能够揭示"吾""我"对立的本质。

"形态对立说"认为上古汉语人称代词的对立是形态对立的

反映。以形态的区别解释"吾""我"的对立由来已久，这种观点最早发端于中国第一部语法学著作《马氏文通》，其后以高本汉（Bernhard Karlgren）和胡适的观点影响最大。他们认为是名词的格位（case）要求控制了"吾""我"在句中的使用位置。也就是说，上古汉语的"我"多出现在宾语位置，"吾"多出现在主语和定语位置，与英文中"me"只能用作宾格，"my"只能用作领格的性质是一样的。然而此种理论的最大难题在于无法解释的现象甚多，"吾""我"在主语、宾语位置互补分布的情形并不分明。这也是学界普遍批评"形态对立说"之处。实际上，除了批评该理论例外甚多之外，鲜有学者注意到"形态对立说"的另一重要观点"侵占说"。这个观点恰恰是持"形态对立说"观点的学者针对其无法解释的现象做出的补充说明，它认为例外的产生是"吾""我"格位互相侵占的结果，归根结底是由上古汉语发生形态变化所致。（Karlgren，1920、1949）持"形态对立说"观点的学者观察到"吾""我"的使用与句法位置存在密切的关系，并试图建立二者之间的联系，同时，他们也尝试用"侵占说"对分布中的例外现象进行解释。但"侵占说"从逻辑上不足以解释"吾""我"对立的根本机制。

"轻重对立说"，是指将上古汉语第一人称代词"吾""我"的对立看作语音轻重对立的现象。持这种观点的学者主要有段玉裁、章太炎、金守拙、俞敏等。清代段玉裁《说文解字注》"我"字下：《论语》二句而'我''吾'互用,《毛诗》一句而'卬''我'杂称，盖同一'我'义而语音轻重缓急不同，施之于文，若自其口出。"章太炎说："《祭统》之'若'，正当训'汝'，言汝、言若、言乃，其义悉同，而语势轻重有异，犹一句错见吾我二字尔。"段玉裁认为"吾""我""语音轻重缓急不同"，章太炎说两者"语势轻重有异"。"语音""语势"均是描述声音上的特点。金守拙（1956）提到，"我"字可见于"辞句语尾""句读暂歇"，"吾"字则不见于这两个位置，因此，"吾、我实为同一字之重读与非重读之别"。这是由语音上的平声与非平声体现出来的。俞敏（1999c）就更为直接地提出"吾""我"在语音上的分别源于两者收尾音的不同。他说：

> "吾"向来不用到语丛的尾巴上，"我"可以，比方"非我也"。凡是对比重念的地方儿，全用"我"，比方"尔为尔，我为我"，"彼以其富，我以吾仁，彼以其爵，我以吾义"……这一类的。咱可以看出来："吾""我"的分别纯粹是个声音问题：凡在语丛尾巴上的，或者有对比的，一定念得重，所以是 ŋad。凡后头还有别的字的，因为往往念得轻，所以写的时候儿把收尾音忽略了，就是 ŋa。

他还进一步说明："我猜这种'鱼歌旁转'的现象是一种轻重音（gradation）的现象。像'尔为尔，我为我'那种句子里，用的是对比的口气，所以用重音的歌部字。"（俞敏，1999d）"轻重对立说"强调的是"吾""我"在语音上的区别，这些观察十分有价值，但是关注语音差别的学者看法并不统一，也没有从本质上说明语音差别的表现形式。

以周法高为代表的"焦点对立说"，是指将上古汉语第一人称代词"吾""我"的对立看作语义焦点对立的现象。持这种观点的学者认为两者的差异与焦点存在密不可分的关系：上古汉语句中焦点位置使用人称代词"我"，非焦点位置使用人称代词"吾"。认为"吾""我"区别属于焦点对立的学者主要有周法高、何乐士、李开、郑张尚芳、潘悟云、蒲立本、罗端、朱红等。周法高（1959：57）、何乐士（1984：115）均指出"我"字有加重语气的作用。李开（1984）强调"我"是对比焦点，他说："'我'在句中只要与他方面称代词（包括名词用作代词）对待出现，不论'我'居于何种格位（居主格尤其如此），'我'都有强调语义、加重语气的作用，一般都应重读，而'吾'在同样情形下则为一般表达，无强调意义。"郑张尚芳（1987）认为对于上古汉语来说，"凡是处置、对比、对公众讲话等需要强调的场合，都用 ai 式，一般场合多用 a，也可用 ai，所以 ai 是 a 的强调式"。蒲立本（Pulleyblank，1995）认为第一人称代词"我"比起"吾"来，强调（emphatic）和对比（contrastive）的功能更强。潘悟云（2001）认为"吾""我"的分别与"信息焦点"密切相关。信息焦点所在之处用"我"，不用"吾"。他认为上古汉语存在一个用音段来标记强调式的后缀 [-l]，表现在第一人称代词的区别形式是：吾 [ŋa]、我 [ŋal]。罗端（2009）也认为西周时期，"我"开始用来表示对比（强调）。其使用变化的根本原因是"我"表达"身份距离"，使得它可以用来表达话题或者焦点。李智泽（1986）分析了《孟子》中第一人称"吾""我"出现的语言环境，认为这二者主要是"焦点 / 非焦点"之别，但他也同时承认格位对立是它们的次要区别。朱红（2010）通过分析战国时期的文献资料，提出战国时期汉语第一人称代词"我"与"吾"的最根本区别是能否表达语义焦点，其句法上的差异是深层语义表达动机的体现。同时，"吾"是上古汉语中原有的第一人称代词"我"在表达非焦点语义时由语音弱化形成的。

值得注意的是，一些主张"吾""我"区别源于形态对立的学者，也不否认"我"在先秦文献中具有明显的强调语义。如高本汉（1929）说："法国语足格之我 Moi，侵入主格，盖由语气伸张 emphatique 之作用；中国语中之我字渐代吾字，取径亦同。"胡适（1918）亦指出"大抵我字重于吾字"："我字有时亦用于主次，以示故为区别，或故为郑重之辞"；"以上诸例，皆以我字自别于他人。以其着意言之，故用高音之我以代平音之吾。"

以上这些观点，常以"强调""加重语气""对举""对比"来描述"我"出现的场合，指出"我"在上古汉语中是语义焦点的特点。他们的观察为"吾""我"差异的研究提供了宝贵的书证材料，但是仍留下一些问题亟待解决。

第二节 "形态对立说""轻重对立说"与 "焦点对立说"观点的检讨

从上文的介绍中我们不难看出：如果"形态对立说"的观点成立，如果"吾""我"的对立是形态的反映，那么两个人称代词的形态标记与形态功能便无法得到合理的解释。此外，上古汉语的"我"也同时用作主语及定语，"吾"也用作宾语，这些亦是"形态对立说"无法排除的例外。

"轻重对立说"强调"吾""我"在语音特征上存在区别。从"语音轻重缓急",到"语势轻重"的描写,再到超音段、音段的讨论,无疑是一步一步地在接近语言现象的本质。尤其是俞敏先生,更加明确地提出了轻重的概念。然而,"轻重对立说"内部存在的分歧并未得到解决,他们就"吾""我"语音形式特征差异的看法并不统一。俞敏认为"吾""我"是 [ŋa] 与 [ŋad] 的区别,金守拙以为他们是非上声与上声的区别。前者通过线性的音段特征来区分"吾""我",后者则用非线性的超音段特征来说明差异产生的原因。究竟是音段特征还是超音段特征导致了两者的差异,持"轻重对立说"的学者均没有给予说明,同时,就先秦汉语音系结构属性及轻重音形式发挥的作用也未做出过深入的探讨。

"焦点对立说"从语义特征上界定了"吾""我"的对立。如果说"轻重对立说"无法解决共时方面语音特征与轻重差异的关系,那么,"焦点对立说"无法解决的是"吾""我"在历时上的演变规律。我们发现,"吾""我"的对立在秦汉之后便逐渐消失了,然而焦点对立古今皆有。为什么焦点的对立仍然存在,而"吾""我"对立却消失了呢?此其一。第二,为什么两汉以后再没有"吾""我"一类的焦点对立了呢?因此,"焦点对立说"无法解释"吾""我"对立的古今变化。

"轻重对立说"和"焦点对立说"的研究为我们提供了丰富的材料和线索,这些研究虽已尝试建立语义(焦点)与语音之间的联系,试图说明语音差异是导致两个人称代词换用的根本原因,但却仅限于对语音差别的发现、对共时层面语义语音现象对应的描述，并没有对语音差异如何导致两者强弱、轻重不同的原理机制进行解释。如果不从运作机制上加以说明，自然就无法解决以下一系列重要的问题：

第一，不能说明先秦时期语音轻重的实现方式，无法解释语音特征差别表现为语音轻重的运作原理。衡量当时语音轻重的标准为何以音段特征为基础呢？如果如俞敏先生、郑张尚芳先生、潘悟云先生等所说，[ŋad] 比 [ŋa] 念得重，[ai] 是 [a] 的强调式，弱读形式没有韵尾更合乎规律，或者说 [-l] 是标记强调式的后缀，为何强调式要选择 [ad]、[ai] 或 [al] 的形式？现代汉语的语音系统也存在 [ad]（[ai]/[al]）与 [a] 的差异，为何我们不觉得"八"[pa] 和"掰"[pai] 有语音轻重的分别呢？如果"音段特征可以区别语音轻重"的观察是正确的，就意味着上古汉语与现代汉语韵律类型存在本质的差异，前者对音节内部成分敏感，而后者则不然。而之前的研究无法从根本上解释古今汉语表现出这种差异的原因。

第二，没有解释语音轻重与强调形式、语法位置之间究竟有着怎样的联系。我们知道，要解释语音形式如何在语法位置、语义焦点范围发挥作用，就必须从理论上说明这三者之间的关系。先秦汉语的语法机制究竟如何与韵律形式配合才能运作？对比、强调焦点在语法上有怎样的表现？焦点作用如何配合韵律的条件得以实现？这些都是"语音轻重说""焦点对立说"必须说明的问题。

第三，"吾""我"差异的变化无法在语言类型演变中得到合理的解释。从上古汉语到中古汉语直至近代汉语，"吾""我"两个人称代词的语音差别始终存在，何以这种交替换用的现象渐渐消失了？此外，"我"字作为句中的语义焦点，的确是上古汉语的特征，但这只是共时的结论。为何后来"我"被用作语义焦点的功能也逐渐消失了？音段差别和语义焦点并未消失，而两者的对立现象却消失了，可见造成第一人称代词演变的真正动因并非源于语义、语音的变化那么简单。

综上所述，之前的研究虽从形态差异、语音差异的角度探索"吾""我"的交替换用现象，却无法从本质上说明两者的区别，更无法圆满地回答上面提出的一系列重要问题。通过一系列的分析和研究，我们发现如要解释上述问题，判断上古汉语里"吾""我"的差异，进而揭示历时变化的原因，必须运用新的方法和技术——节律音系学。因为只有将韵律结构的分析应用于研究"吾""我"的差异，才能够从理论上说明先秦汉语语法、语音及语义的交互作用，说明先秦汉语语音系统的韵律模式，进而揭示音节长短与轻重的对应关系，系统地解决第一人称代词的历史演变现象。

葛瑞汉（Graham，1969）曾对高本汉、金守拙、蒲立本、杜百胜（Dobson）等人的上古汉语人称代词研究及一些相关观点做了全面的检讨。他批评了高本汉"格位说"理论（关于"形态对立说"存在的局限，我们还会在第六章进一步专门讨论），同时，也反对金守拙单纯从语音的角度分别"吾""我"，认为金的论证不能解释二者在句法位置上的差异。他还指出蒲立本、杜百胜关于轻重音的判断是无法得到证明的。葛瑞汉一文旨在揭示"吾""我"研究中遇到的困难，我们可以将其概括为以下两点：

第一，没有科学的检验标准来验证上古汉语第一人称确实存在轻重的区别。语感鉴别轻重或许适用于现代语言，却不能运用到古代汉语中。

第二，抛开语义上的强调不谈，仅从语音学的角度无法给重音定义。

诚如葛瑞汉指出的，长久以来，没有科学的理论来鉴别韵律的轻重，重音的语音特征也无从衡量。"一个句子的重音位置不能确定""'吾''我'重读只是个别的现象，无法进行理论上的预测和验证"确实是前期第一人称代词换用研究面临的巨大挑战。没有理论的指导，金守拙、蒲立本、杜百胜的观点只能陷入猜测而无法得到证实。

值得一提的是，虽然我们并不赞同金守拙以声调差别作为"吾""我"对立的根本原因，但欣喜地发现他已有意建立语法与重音的关系。[①]高本汉"格位说"例外甚多，这在学术界已成定论。金守拙写作《再论吾、我》实际上是希望借语音特征，给这些例外一个合理的解释。根据其论述可以推断，他已非常敏感地察觉到，还有更为根本的原因隐藏在句法位置背后，需要探究。后来，潘悟云发现造成信息焦点的原因既包括句法方面的，也有强调方面的。虽然这些观点尚未形成韵律句法理论，但是其思索和尝试为上古汉语韵律的研究开辟了一条全新的道路。

葛瑞汉的文章写于 1969 年，这一时期韵律音系学及韵律句

---

① 金守拙《再论吾、我》274-275 页：我认为各"位"均与"句读暂歇"（Pause）切切相关。……盖"主格"显然不可用作"辞句语尾"，"领格"又必在另一字之前，于是，仅"与格""受格"可能用作"辞句语尾"。

法学的研究还处在开创阶段。直至 Mark Liberman 1975 年提出了"相对凸显原则"（Relative Prominence Principle），韵律句法学才得以在此基础之上发展出其基本理论。Liberman 和 Prince 随后在 1977 年提出核心重音规则（Nuclear Stress Rule），指出韵律上的轻与重在语句上必然表现为句法结构的两个成分。这之后又经过多年的试验和研究，冯胜利（1997、2000b、2005b、2013a）提出了现代汉语的核心重音指派规则。与此同时，冯胜利将韵律音系及句法理论推广到上古汉语语音、句法的研究当中，多次探讨上古汉语音节结构、韵律结构的演变及韵律在上古汉语中发挥的形态功能，证明韵素音步"不仅可能"，也"有案可稽"。他的讨论不仅为"吾""我"使用差异的研究带来新的视角，并且为汉语历史语音学的研究引入了一个全新的角度——从韵律系统特征（如音步、长短、轻重等）来研究上古汉语的语音现象。（Feng，1995、1997；冯胜利，2000a、2000b、2009、2012、2013b）

第三节 "韵素对立说"的理论及实践

"韵素对立说"将上古汉语第一人称代词"吾""我"的对立看作韵素的对立。冯胜利最早将"吾""我"对立的现象纳入韵律理论中加以讨论。"韵素对立说"主要观点的提出及发展，可以分为四个阶段：

第一阶段，提出先秦汉语属于韵素音步，说明先秦汉语复杂的音节结构是韵素音步得以实现的关键因素。

第一人称代词"吾""我"的差异源于韵素对立的讨论是建立

在对"汉语复合词的产生"这一问题的研究基础之上的。冯胜利指出从先秦到两汉，语音系统发生了巨大变化，上古汉语音节结构逐渐简化，是汉语双音化的动因。汉语双音节音步的建立和汉语复合词的飞速发展，均是韵律现象。单音节不足以成为一个音步，促发了大量的双音节短语的产生。双音节开始成为音步，而双音化时代之前的先秦汉语，其韵律结构应是单音节音步。理由有二（Feng，1997）：

第一，从音节结构方面来说，上古汉语中具有复杂结构的重音节可以独立构成音步。

第二，从当代韵素理论方面分析，如果一种语言的音节结构在系统上由（a）变为（b），结果就是单音节词（上古汉语基本为单音节语言）无法独立组构音步。如此一来，两个音节的组合就会逐步发挥作用。换言之，上古汉语中双韵素音步的消失源于辅音韵尾和辅音丛韵尾的脱落。这种脱落分别导致了重音节和超重音节的消失。由于音步在韵律系统中必不可少，双音节音步必然要取代双韵素音步以弥补其失去。

这一时期的研究，已经通过先秦汉语的音节结构特征和韵律学的基本理论，推演出先秦汉语音节结构具备内部实现音步的条件，应属于单音节音步。虽尚未明确提出"吾、我韵素对立说"这一观点，但对"吾""我"所在的语音系统特征、韵律模式进行了深入的分析，为进一步提出"吾""我"的差异源于韵律轻重的不同做了充分的准备。

第二阶段，描写上古汉语的韵律结构演变，着重说明"声调尚未形成"是保证韵素音步实现的关键因素之一；第一次提出先秦汉语"吾""我"有别是韵素音步发生作用的结果。

在 2000 年《汉语双音化的历史来源》一文中，冯胜利在前期研究的基础上，对关涉汉语双音化来源的一系列重要问题都进行了详细的讨论：双音化的真正含义、上古音节结构及其演化结果、音节短化与韵律的改变、声调的出现及其韵律的功能、入声的特殊性与系统的完整性、上古单音步的残迹、发展双韵素音步的"不可能性"和声调与双音化的同步发展等。在这篇文章中，他指出上古汉语的韵律结构发生了如下的演变，如图 3-1：

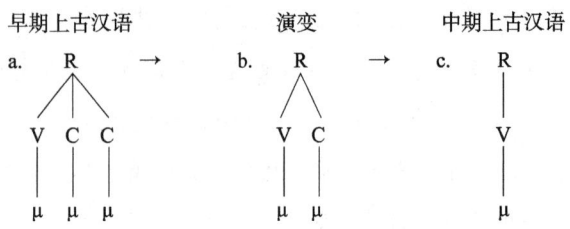

图 3-1 上古汉语韵律结构演变示意图①

除此以外，冯胜利还指出，是韵律对结构的要求与当时语言的演变发生相互作用，决定了双音步采取"结构扩散"的方式出现。在这篇文章中，他已经指出声调对韵律轻重的实现方式至关重要：声调的长短会抵消音节上的长短，如果韵素不能表现长短之差，那么韵律的轻重必然通过音节的数量来实现。

2005 年，冯胜利着重通过语音学和韵律学的普遍原理，再

---

① R=韵母；V=元音；C=辅音；μ=韵素。箭头代表不同时期的演变方向。

次深入讨论了汉语声调对音步与音变的影响和作用。他针对声调对韵律的影响做出了语音学的分析，探讨了现代汉语音节如何负载声调，声调如何主宰韵律结构，同时从声调演变中分析其如何影响韵律结构的变化，阐明了两者之间的密切关系。其研究进一步表明先秦时期尚未产生声调，这保证了上古汉语韵素音步的建立。文中说："声调对音步的发展具有限制和促发的作用，因而声调和音步二者之间具有同步发展的平行关系：声调既是音步变更的原因，又对音变产生巨大的影响。"对于现代汉语来说，声调与韵律的关系是：声调阻止或不允许韵素在音节内部建立音步。相应地，先秦汉语属于前声调语言，无声调的环境就使得音步顺利地在音节内部建立。事实上，是 CVC 的复杂音节结构和先秦汉语尚无声调这两个关键因素保障了先秦汉语韵素音步的实现。

冯胜利（2005a）第一次明确地提出"吾""我"换用的现象是前声调汉语双韵素音步的有力证据；并说明"吾""我"二者代表的是轻读与重读两种不同的形式。同时文章也推断："韵母中的韵素直接影响到它能否重读"的语言现象，说明上古韵素的多少直接关系到音节的"轻重"。由此判定，CVC 与 CV 词语之间的对立证实了上古汉语中韵素音步的存在。

第三阶段，提出韵律所以能够制约构词、句法，不仅是源于其本身轻重的表现，亦是因为它是"语言所以嬗变及所以不同的一种功能参数"。

2009 年冯胜利《论汉语韵律的形态功能与句法演变的历史分期》一文明确地提出第一人称代词"吾""我"的换用，是"远古汉语的韵律结构和截至东汉发展起来的韵律结构有着本质不同"的表现，譬如以下这些例证：

（1）吾丧我。《庄子·齐物论》

（2）尔为尔，我为我。《孟子·公孙丑上》

（3）彼以其富，我以吾仁，彼以其爵，我以吾义。

《孟子·公孙丑下》

（4）尔而忘勾践杀汝父乎？《史记·吴太伯世家》

（5）我无尔诈，尔无我虞。《左传·宣公十五年》

（6）尔爱其羊，我爱其礼。《论语·八佾》

他说："'吾''我'虽同义反复，但不容互换；其中'尔／我''彼／我'均相对而言，彼此强调。为什么古人用'尔……我……'而不说'汝……吾……'？为什么古人说'彼……我……'而不用'夫……吾……'？其中的奥妙就在于'我'的音节强于'吾'。换言之，强调式的音节强于它的对应式。"

虽然从 1995 年开始，韵律类型演变的研究已经初具规模，但明确地提出"韵律本身具有形态的语法功能，这种功能在句法史上扮演着促发演变的重要角色"尚属首次。这篇文章提出了重要的主张：以形态类型为标准，应将古代汉语二分为东汉以前"音段形态类型"的语言和东汉以后才逐步形成的"超音段形态"为主的语言两大类型。这篇文章的意义在于，引导我们从语言类型演变的角度思考第一人称代词变化的意义，重视韵律演变对"吾""我"的使用变化起到的关键作用。

第四阶段，指出"吾""我"交替使用并不是孤立的韵律现象，表现出的是歌、鱼两个韵部之间的对立。这一阶段建立了上古汉语韵部之间的韵律强弱等级。

2012 年冯胜利《上古单音节音步例证——兼谈从韵律角度研究古音的新途径》辨析了段玉裁、章太炎、俞敏对"吾""我"轻重之别的说明，通过对一系列现象的分析，建立起上古汉语韵部之间的韵律轻重关系。他在文中再次强调"韵素"在决定"吾""我"差异方面所起到的作用：歌部的代词和鱼部的代词在"焦点重音"上表现出来的差异，均属单音只语（monosyllable），不可能是音节的多少所致，而必然为"音节内部成分的多少"所决定。文章同时将"吾""我"之间的对立关系扩展到古韵部歌、鱼二部的相对轻重关系，佐以诸多歌部、鱼部对立，阴声、阳声、入声韵部对立，元音弇、侈对立的证据来说明。在全文的最后，他概括了上古汉语的韵律特征及上古韵部之间的韵律强弱等级：

　　1）上古韵律（轻重长短）以韵素音步为单位（后代以音节音步为单位）；

　　2）上古音步由韵素组合而成（后代由音节组合而成）；

　　3）上古汉语的韵律以韵素多少为计量（后代以音节多少为计量）；

　　4）上古汉语的韵律以元音长短为计量；

　　5）上古汉语的韵律以元音响度为计量；

　　6）上古韵部（二十八部、三十部）当有强弱之别；

7）上古韵部（二十八部、三十部）必阴弱阳强；

8）上古韵部（二十八部、三十部）必阴弱入强；

9）上古韵部（二十八部、三十部）必入弱阳强；

10）上古阴声韵部之间的强弱关系有如下强弱等级之差（"<"表示"弱于"；介音的作用不在此讨论）：

甲　　ə/ɯ 哈部 < e 齐部

乙　　ə/ɯ 哈部 < a 模部

丙　　a　模部 < ai 歌部

……

以上四个阶段历时近二十年的研究成果，明确指出了古今汉语韵律模式的演变机制，为解决"吾""我"交替换用的现象提供了理论基础。同时，提出"吾""我"的对立表现为"韵素对立"的现象，从根本上解释了第一人称代词换用与韵律之间的本质关系，其更为深远的意义在于，由二者对立的单一现象，可以推演出上古汉语的歌鱼二部也必定存在韵律上的对立，继而推断出上古汉语二十八部中各个韵部之间也必然具有韵律上的相对轻重关系序列，为汉语语音史的研究开辟出一条以韵律研究古音的新途径。

先秦两汉时代语音系统的特点及其演变学界早有共识，然而此前却没有人将音节结构特征、语音结构演变，与第一人称代词"吾""我"的交替使用和演变联系起来。根据以上研究，我们看到，"吾""我"的分布，也必定与当时的语音系统特征密不可分；而探索"吾""我"之间的差别，一定不能离开对两个人称代词音节内部构成的分析。

在本章第一节和第二节中，我们介绍了"形态对立说""轻重对立说""焦点对立说"的观点，并指出了三类观点存在的不足。之后，我们系统地介绍了冯胜利"韵素对立说"的主要内容及其理论发展各个阶段取得的成果。我们认为，"韵素对立说"对研究"吾""我"的对立具有绝对的优势。本书将以"韵律对立说"作为理论核心，着重探讨上古汉语第一人称代词"吾""我"的分布规律。

本书的主要内容是在"韵素对立说"的理论基础上，通过对先秦文献及后世文献的统计与整理，找到上古汉语第一人称代词"吾""我"的互补分布现象，观察二者在后代文献中的分布情况，描写和分析它们在不同时期的分布特点，说明韵素在第一人称代词选择中发挥的作用。在研究方法上，本文与以往研究不同的是，充分利用上古汉语语音构拟的成果，从语音学的原理出发，解释产生"吾""我"轻重效应的语音机制；同时，着重发掘语料中两个人称代词不能同时出现的语言环境，进行数字上的统计对照。因为韵律结构是非常抽象的语音概念，针对活语言的韵律研究可以采用语音实验的方式来检验，但对于上古汉语这样已消失的语言来说，语音实验和语感检验便无从实现。那么是否缺乏现代科学仪器和语感的检验，我们就无法确定重音的位置和韵律结构的特点呢？其实不然，我们寻找的是上古汉语语言现象中所反映出的语音及韵律系统的类别。

思考与练习 ————————————————————————

1. 概括以往解释第一人称代词"吾""我"对立原因的不同观点。

2. 试分析"焦点对立说"的观点为何不能解释"吾""我"历时上的变化。

3. "韵素对立说"有哪些历史证据？请逐一列举。

4

第四章

先秦汉语中"吾" "我"的韵素对立

如果说上古汉语第一人称"吾""我"音节内部结构的差异导致了两者的对立，那么其内部结构的差异究竟表现在哪些方面？如果两者有"韵素对立"，就说明有些位置必然是不允许两者同时出现的。哪些句法位置限制了人称代词的使用？两者对立的分布情况如何？如果"吾""我"轻重有别，句子的位置能否得到确定？这些问题，都是解决"吾""我"替换使用问题的关键所在，但是之前的研究却很少涉及。本章将尝试回答以上这些问题。

第一节　"吾""我"在语音空拍形式前的韵素对立

首先，我们着重观察先秦汉语中一种特殊的韵律位置——空拍前位置。音节空拍是检验语言系统韵律实现方式的一个重要标志。虽然空拍前音节并不一定携带重音，但在一般情况下，这个位置对音节会有韵律上的限制。"吾""我"究竟能否同时在空拍前位置实现，或者是否只有其中一个音节能够实现，均是关乎"吾""我"对应关系实质的问题。

一、句末位置对"吾""我"形式的选择

在先秦的文献中，第一人称代词"吾""我"在语音空拍形式前的位置显示了韵素的对立。我们发现，在典型的语音空拍前位置——句末短语的最后一个成分，第一人称代词"吾""我"呈现

出了互补分布。经过统计，先秦文献中，第一人称代词"我"在这个位置出现共 287 次，分别为：《左传》123 次，《孟子》9 次，《论语》5 次，《国语》54 次，《战国策》32 次，《公羊传》7 次，《韩非子》10 次，《穀梁传》9 次，《庄子》18 次，《荀子》5 次，《墨子》8 次，《礼记》7 次。而"吾"出现在这个位置的仅 2 次。

　　请看，先秦汉语句末短语的最后一个成分只能出现"我"。"我"可以做句末最后一个动宾短语的宾语，如：

（1）由也好勇过我，无所取材。（《论语·公冶长》）

（2）吾知其所由来矣，姑少待我。（《左传·僖公七年》）

（3）我悉兵以临之，其心必惧我。（《战国策》）

（4）我卜伐骊，龟往离散以应我。（《国语·晋语》）

（5）不若是而已，又欲以其辱行漫我。（《庄子·让王》）

（6）甯氏将纳我，吾欲与之盟。（《公羊传·襄公二十七年》）

（7）子帅七舆大夫以待我。（《国语·晋语》）

"我"同样可以出现在句末介宾短语中，充当宾语：

（8）孟孙问孝于我，我对曰："无违。"（《论语·为政》）

（9）仲子生而有文在其手，曰为鲁夫人，故仲子归于我。

（《左传·隐公元年》）

（10）庾公之斯学射于尹公之他，尹公之他学射于我。

（《孟子·离娄下》）

（11）夫以城来者，必将求利于我。（《国语·晋语》）

（12）有欲矜以智能，则为之举异事之同类者，多为之地，使之资说于我，而佯不知也以资其智。（《韩非子·说难》）

但在先秦汉语中，"吾"出现在句末短语最后一个成分位置的仅有两个例子，一例出自传世文献：

（13）虽忘乎故吾，吾犹有不忘者存。（《庄子·田子方》）

另外一例出自出土文献：

（14）今主君不厌于吾，故而反恶之。

（《上海博物馆藏战国楚竹书（五）·姑成家父》）

我们说，出自《庄子》中的句子（13）"虽忘乎故吾，吾犹有不忘者存"不属于"韵素分析"的反例。因为"故吾"才是前一分句的句末宾语，句子不是以单音节"吾"做句末宾语的。因此，我们目前在先秦汉语中只发现一处反例，来源于上博简。

通过以上统计我们看到，上古汉语的语言事实是句末位置只选择第一人称代词"我"，而严格排斥代词"吾"。这是与句末延长的语音环境密切相关的。末尾延长（final lengthening）在世界语言中是非常普遍的现象，并且已经被语音学研究证实。如叶军（2008：111）通过声学实验研究指出，被人们感知到的停顿一定会伴随前音节的加长。杨玉芳（1997）的声学实验对句法边界附近三个音节的韵律学参数随边界等级变化进行了观察和分析，证明音节时长和停顿发生系统变化的只有边界前音节；同时说明汉语和英语一样，句法边界对音节时长的影响仅限于边界前音节。Tseng & Su（2009）的实验也表明韵律短语边界前的语音延长是韵律短语边界（prosodic phrase）最显著的特征。词尾和短语末尾位置会为语音延长提供语音环境，而语音延长就直接导致末尾音节的凸显。

我们看到,音系学规则和语音学实验均证明,句末位置一定存在语音上的停顿和延长。虽然有一些声学实验显示汉语韵律句尾没有延长(熊子瑜,2003),但并没有报告显示在句末位置有音节缩短的记录,并且句末位置对音节的要求一定要满足一个音步。也就是说,句末位置对句尾音节的要求是 [- 短]。由此我们可以推断,如果先秦汉语中的"我""吾"的音节一长一短,自然只有音节长的形式"我"会出现在这个位置上。

值得注意的是,我们说,代词是韵律隐形成分,不能参加句子的重音计算。例如现代汉语中的句子"我不喜欢他",句末的代词"他"的韵母不能延长。这似乎与我们的解释发生了矛盾。但根据一些学者对汉语方言的考察,当语言中的代词同时具有标准和弱化两种语音形式时,它们在句末位置的分布确实是有规律的。北京话他称代词"人家"可以省略为"人",其弱化的过程是"家"先变为轻声,即"人家"由原来的两个音节变为一个半音节,之后"家"这个轻声音节再脱落掉,只用一个音节"人"表示"人家"。《现代汉语八百词》(1980)曾提到代词"人家"与其弱化形式"人"在句中的分布是有规律的,即:"口语中'人家'可省说成'人',但句末的'人家'不能。"陈满华(2007)通过问卷调查证实了这一观察,他指出出现在句末的"人家"若省略为"人",在北京话中接受度很低,尤其在真实语料中没有一例句末省略的。如他举出的对比的例子:

(15)东西用完了就快送还给人家。

(16)*东西用完了就快送还给人。

他还进一步推测了产生这种现象的原因:"因为'人家'的省略可能是一种特殊的语流音变(整个音节脱落)现象,这种现象的出现与紧接在后面的词(音节)有关,即需要后面的音节做依托,所以当'人家'后面再没有任何成分出现时,就不宜省略了。"

以上对北京话的研究显示,当语言系统的代词同时具有标准和弱化形式的时候,弱化形式从不出现在停顿之前,也从不出现在句末。我们认为,产生这样的现象,从根本上说是由句子的韵律结构决定的。虽然代词作为韵律隐性成分,既不是核心重音的承担者,其音节也不能得到延长,但当它需要占据句末位置时,就不允许弱化形式出现,因为语音系统没有给句末位置提供语音弱化的条件。

二、判断句主谓间无音位置对"吾""我"形式的选择

"吾""我"在句末位置的分布显示了这两个语音形式与停顿之间的密切关系。而先秦判断句主语位置对"吾""我"的选择同样遵循这个规律。这个位置处于一个非常明显的无声停顿之前,这一语音特征 Feng(1993)已有证明[1]。而这个位置之前只有人

---

① 该文于 2003 年由汪维辉翻译为中文,发表在《古汉语研究》第 1 期。作者指出能证明主谓之间有停顿的证据有三:其一,主谓之间常出现"者",这说明主谓之间必须有一个位置,可以称之为"停顿位置"。其二,《诗经》中诸如"维""伊"或"繄"之类的虚词被用作判断句的补位成分,以代表主谓之间必须有的停顿;第三个证据来自现代汉语,在上海和苏州吴语里,主语和谓语之间有一个位置,这个位置相当于其他方言中的疑问句尾的疑问标志"吗"。这说明汉语允许在主语、谓语之间有一个停顿的位置。

称代词"我"可以出现,"吾"绝不会出现,请看:

（17）今我,小侯也,处大国之闲,缮贡赋以共从者,犹惧
      有讨。(《国语·鲁语》)

（18）我,大史也,实掌其祭。(《左传·闵公二年》)

（19）我,姬姓也,何戎之有焉? (《左传·哀公十七年》)

（20）我,周之卜正也;薛,庶姓也,我不可以后之。

（《左传·隐公十一年》)

（21）我,文王之为子,武王之为弟,成王之为叔父。

（《荀子·尧问》)

（22）我,家臣也,安知公家? (《韩非子·内储说下》)

（23）我,人之合也。(《庄子·天道》)

判断句中,这种 ["我"+停顿] 的现象在文献中共出现了 19
次。分别为《国语》2 次,《孟子》3 次,《左传》11 次,《荀子》1 次,
《韩非子》1 次,《庄子》1 次。但"吾"从未出现在这个位置。即
我们看到以下两种形式的对立:

（24）我,小侯也。

（25）* 吾,小侯也。

我们将在第六章着重探讨形成这种对立的根本机制。值得注
意的是,我们之前观察到的现象是,判断句主语位置绝不会选择
弱化形式"吾"。但是,先秦汉语中却存在和"吾"同音的词独
立做主语的句子。如:

（26）鱼,我所欲也,熊掌,亦我所欲也,二者不可得兼,

舍鱼而取熊掌者也。(《孟子·告子上》)

我们知道,"鱼"与"吾"上古都是模部字,因此语音相近,但同样的位置却允许前者出现,不允许后者出现,表面上,这为我们的论证带来巨大的挑战。但实际上,根据我们的理论,"吾"是特殊语境里面的"我"的变体,所以上古汉语根本不存在独立使用的鱼部字的第一人称代词"吾"。我们将在第六章的分析中详细讨论其中的原因和结果。

跨语言研究结果显示,"零系词结构"(zero copula construction)是世界语言中普遍存在的语言现象,并没有一个语言分区绝对不存在这种结构。但是,零系词现象又不是完全随机地出现,在一些地区这种现象特别显著[1]。而主语和名词谓语之间存在一个明显的空拍,这也是十分典型的(如俄语)[2]。这是语言类型学为主谓之间的停顿提供的证据。

第二节 "吾""我"在对比重音效应作用位置的韵素对立

本节尝试以"吾""我"的分布作为考察对象,讨论当第一人称代词成为句子焦点时,会选择哪个形式进入重音位置。在这一节集中说明对比重音位置上"吾""我"呈现的分布特点,进一步指出对比焦点重音在先秦汉语的实现方式和运作机制。我们选取

---

[1] 主要指澳大利亚语、巴布亚语和东部南岛语,此外还包括南美洲和非洲北部地区语言。

[2] *The World Atlas of Language Structures (WALS)* online:http://wals.info/

了先秦汉语中较为典型的四类对比焦点位置，发现"吾""我"的使用在这些位置均呈现互补分布的情况。如果上古汉语确实对韵素极为敏感，那么在语音上必然有所反映。无疑，凡属"重音位置"，我们就可以通过韵律理论来预测"吾""我"出现的情况。通过预测语音必重的位置能够确定第一人称代词"吾""我"替换使用的真正动因。我们知道，焦点信息结构的研究指出了许多现代汉语焦点实现的方式，而对于古代汉语中"我"作为句子焦点如何得到实现，许多学者也都有所探讨。我们可以基于这些研究，确定焦点重音位置，从而预测第一人称代词互补分布的现象并且加以验证。

一、"吾""我"在对比焦点"于"后重音位置的分布

上古汉语的句中焦点可以由介词"于"引入，这一特点《马氏文通》已经明确指出，"若'于'之司词为意之所重者，则可先所附焉。"马建忠用"意之所重者"代指句中需要强调的信息。他在这里为我们说明了介词"于"在上古汉语中能够标记对比焦点的作用。由此，证明我们可以通过"于"字引导的焦点结构，探寻其中焦点重音位置上"吾""我"的出现规律。[①] 马氏所举的例证中，"意之所重者"除实词外，也有代词："又《告上》：'万

---

① 就这类结构中的"于"的性质，学术界有不同的看法。除多数认为它是介词外，还有认为它是动词的观点。郭锡良（1997）认为，"于"的这种用法是春秋战国时期介词"于"在语法作用方面的发展变化之一。因为，当"于"带上宾语后，这类结构就不会出现在别的动词后面，因此，可以认为它是由"去到"义动词"于"虚化而来的动词，而不是介词。本书对这类结构中"于"的词类不做过多的探讨，暂称它为介词。

钟则不辩礼义而受之。万钟于我何加焉？"他分析说："'加'外动字也，'于我'者其转词也。……以上所引，转词要皆附外动字，以其为意之所重，故置先于所附焉。"马氏认为，"万钟于我何加焉"如果不为强调特别的语义，那么句中的转词（介宾短语）"于我"应出现在外动字（及物动词）"加"之后，也就是"万钟于我何加焉"应为"万钟何加于我焉"。句子为了突出"于我"将这个成分向前移动了。

值得注意的是，在以"于"提示对比焦点的结构中，马建忠曾细分出一个类别，说明"于"引介的功能。这一类别尤其能说明具有对比焦点的信息结构与重音的关系。

根据马氏的说法，如果"万钟于我何加焉"的底层结构为"万钟何加于我焉"，那么有些句子，如"于我如浮云"，并不是由"如浮云于我"的形式通过焦点移位得到的。而我们发现，在先秦汉语非句末位置出现的"于我"，大多数并不是通过焦点移位得到的。

马氏分析这个句子时指出："'我'字与前后文义实不相属，而于'义'则与'浮云'之'富贵'有相关之义，故介'于'字以系之。……'父母之不我爱'一读，而为'何哉'之起词，犹云'父母之爱我与否，何有于我哉！'"也就是说，"于"后的成分"我"既不是定语，也不是补语、宾语，而与"不义而富且贵""父母之不我爱"有相关之义，因而是一个特殊的强调信息。

蒲立本（Pulleyblank，1995：30）曾指出上古汉语中存在一种移位，是为了对比或强调而把次动词短语移到前面凸显的位置。这就是说的"万钟何加于我焉"这样的结构，介词"于"也许会保留下来，并且这个次动词短语会由动词后面的"焉"复指。[①]

我们检索了先秦汉语介词"于"后出现"我""吾"的情况，发现了一个有趣的现象。先秦汉语中从未出现过"于吾"这样的表达式，无论是句中还是句末，只出现"于我"。据此，我们可以推测"于吾"在先秦汉语中是不合法的。前文的分析表明，句末位置选择"我"是语音延长对音步要求的结果，当介宾短语"于我"位于句末时也不应有例外。那么，句中的介词"于"选择"我"是依据什么样的语音条件呢？我们认为，是对比重音要求的结果。句中位置的"于我"在先秦时期共出现 12 次。

（27）君于颠颉之贵重如彼甚也，而君犹行法焉，况于我则何有矣。（《韩非子·外储说右上》）

（28）我，家臣也，安知公家？凡有季孙与无季孙于我孰利？（《韩非子·内储说下》）

（29）饭疏食饮水，曲肱而枕之，乐亦在其中矣。不义而富且贵，于我如浮云。（《论语·述而》）

（30）朋友死，无所归，曰："于我殡。"（《论语·乡党》）

（31）知武子曰："许之盟而还师，以敝楚人。吾三分四军，与诸侯之锐，以逆来者，于我未病，楚不能矣。"

（《左传·襄公九年》）

---

① 原文为：有馁莩于涂 The coverb yú（于）is omitted when the phrase is placed in front as a pseudo-subject. This is different from exposure of such a phrase for contrast or emphasis, in which yú（于）may be retained and the phrase is recapitulated after the verb by yān（焉）.

（32）子鲜在，何益？多而能亡，于我何为？

（《左传·襄公二十六年》）

（33）我，家臣也，不敢知国。凡有季氏与无，于我孰利？

（《左传·昭公二十五年》）

（34）夫公明高以孝子之心，为不若是恝，我竭力耕田，共
为子职而已矣，父母之不我爱，于我何哉？

（《孟子·万章上》）

（35）万钟则不辨礼义而受之，万钟于我何加焉？

（《孟子·告子上》）

（36）其于我也，曾若是乎？（《管子·大匡》）

（37）生于我乎馆，死于我乎殡。（《礼记·檀弓》）

（38）夫吴之与越也，接土邻境，壤交通属，习俗同，言语
通，我得其地能处之，得其民能使之。越于我亦然。

（《吕氏春秋·贵直论》）

以上我们列举了先秦汉语中出现的"于我"在句中的例证，
"于"后的第一人称代词"我"无一例外属于"为意之所重"，也
就是句子的对比焦点。意之所重，语音上也必然有所要求，意之
所重必然要求音之所重。

以句（31）"吾三分四军，与诸侯之锐，以逆来者，于我未
病，楚不能矣"为例。何乐士（1987）曾引用这条例证，指出
"于我"表示对与中心语"未病"有关的人物的强调。她分析认
为《左传》中 [于 b·D]（b 代表"于"的宾语，D 代表谓语中心
成分）多表强调，在加强反问或肯定的语气时，有一种更强烈

的感情色彩。

句中的"于我"其语义相当于"对我来说""至于我……"，等同于英文中的"as for me"。"于我"在句子结构上是一个独立的短语，因此，它之后应当有一个短暂的语音停顿。句中"于"引介的是对比焦点，需重读。根据相对轻重原则，"于"前的主语应当是轻读的。我们可以做出这样的预设：在"X 于 Y"的格式中，X 轻，Y 重。Y 是重音位置，只能出现"我"，而 X 的位置只能出现"吾"。

检索先秦文献，语言事实与我们预测的情况相符：

（39）始吾于人也，听其言而信其行；今吾于人也，听其言而观其行。（《论语·公冶长》）

（40）吾于《武成》，取二三策而已矣。（《孟子·尽心下》）

（41）吾于子思，则师之矣；吾于颜般，则友之矣。

（《孟子·万章下》）

（42）吾于天下不贱矣。（《荀子·尧问》）

（43）吾于阳城君也，非师则友也，非友则臣也。

（《吕氏春秋·离俗览》）

（44）吾于子犹未邪也？（《吕氏春秋·先识览》）

（45）吾于卫无故，子曷为请？（《吕氏春秋·审应览》）

（46）吾于子尚未可乎？（《晏子春秋·内篇杂上》）

（47）婴闻之，言不用者，不受其禄，不治其事者，不与其难，吾于庄公行之矣。（《晏子春秋·外篇》）

我们说，如果"X 于 Y"的 X 位置一旦出现"我"，那么就是例外，我们找到两个这样的例子：

（48）我不输粟，我于周为客，若之何使客？

（《左传·昭公二十五年》）

（49）我于辞命，则不能也。（《孟子·公孙丑上》）

马建忠分析句子（48）说："'我于周为客'者，犹云'我为周之客'也，则'客'为表词，'周'其偏次也。今'周'于'我'有对待之义，故介以'于'字而先焉。"

再来分析例句（49）。这个句子的上下文为："宰我、子贡善为说辞；冉牛、闵子、颜渊善言德行。孔子兼之，曰：'我于辞命，则不能也。'然则夫子既圣矣乎？"

"我于辞命，则不能也"是公孙丑转述的孔子的言语。公孙丑要表达的意思是：孔子的弟子擅长辞令，孔子虽在这方面强于自己的弟子，却反而说自己不如他们。因此，孔子在说这番话的时候，是针对宰我、子贡、冉牛、闵子、颜渊的情况而言，强调自身与他们情况的不同。他这句话可以翻译为"一方面，你们擅长说辞、德行；另一方面，我 [+F]①（反而）不擅长辞令。"这是一个十分明显的将第一人称作为对比焦点的句子。所以，这个例子并不属于真正的反例。

"X 于 Y"结构，如果焦点标记"于"将句中的焦点关联到紧邻它之后的成分 Y，那么 Y 必然要携带焦点重音。根据相对轻重原则，X 成分就一定要相应地减轻自身的韵律分量。当 X 是第一人称"我"时，Y 位置承载对比重音，那么"我"在语音上必

---

① F=Focus 焦点。

须弱化。我们可以用图 4-1 表示"X 于 Y"结构的韵律模式：

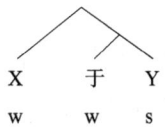

图 4-1　先秦时期"X 于 Y"结构的韵律结构模式图 ①

二、"吾""我"在"唯""独"后出现的互补分布

现代汉语的"只"作为焦点标记，用于强调它所关联的信息。李宝伦等（2003）指出，"'只'对焦点敏感，它在语义上的排他性（exclusiveness）只表现在焦点成分上，而不表现在其他非焦点成分上。"与此相对应的，先秦汉语中其他含有排他性语义的副词，往往也具有与句子焦点相关联的作用。因此，我们通过在先秦汉语中定位这类焦点标记，来定位这类焦点句，从而观察句中第一人称代词的分布特征，就可以发现焦点重音位置对"吾""我"的选择具有怎样的规律。

上古汉语主要有两个帮助实现句子排他性焦点的焦点算子："唯"和"独"。它们都表达"只有"的语义，指的是话语内容只适用这类词语所提示的焦点部分，强调焦点成分的唯一性，相当于英语中的"only"。蒲立本（Pulleyblank，1995：131）已明确指出"唯"在古汉语时期有引进主语或凸显的功能。② 洪波（2006）提到上古汉语里用来标记焦点的词汇形式最常见的是

---

① w=weak 轻音节，s=strong 重音节。

② 原文为：Introducing the subject or an exposed element.

"唯"。"唯"的作用是"加在任何一种成为句子焦点的成分之前，来凸显该焦点成分"。

先来看"唯"后的第一人称代词。经过查检，上古汉语先秦文献中"唯+我"的例子出现4次，却没有一例"唯+吾"的搭配：

（50）虽然，夫折大木，蜚大屋者，唯我能也。

（《庄子·秋水》）

（51）（文王）曰："唯我知女。"（《左传·僖公七年》）

（52）诸侯唯我事晋，今使不往，晋其憾矣。

（《左传·定公六年》）

（53）其非唯我贺，将天下实贺。（《左传·昭公八年》）

蔡维天（2013）指出，"现代汉语中，在句子较高层次出现的'只'的焦点范域是极其受限的，只及于紧接其后的词组。"我们说，上古汉语中的"唯"相当于现代汉语中位于句子较高层次的"只"。"我能""我知女""我事晋"出现在"唯"后，句子的焦点便只能与紧邻其后的成分"我"关联。因此，"唯"要求后面的焦点一定要有足够重量来承担重音。

周法高（1959：58）在说明"'我'字与一些副词或联词同用以加重语气"时，也指出"我+独"常常搭配表达强调语气的现象。蒲立本说"独"可以在状语位置用作限定主语的小品词，例如《孟子·离娄》："诸君子皆与驩言，孟子独不与驩言，是简驩也。"我们检索先秦汉语的语料，发现正如周法高、蒲立本指出的，"我"与副词"独"同用的句子中，第一人称确实是句子的对比焦点。但需要特别指出的是，周法高、蒲立本所列举的强调式，"我"作为强调成分并不是绝对与副词"独"关联。这涉及如何确定对比焦点的范域（scope）问题。

"独"在先秦汉语中用于谓语前做副词，可以表达"只有""仅仅"的语义，"表示强调所限制的范围很小"。（何乐士，1985：121）副词"独"主要指向其后的修饰成分，其限制的范围并不包括它之前的成分。也就是说，只有"独＋我"的现象才能作为焦点位置使用"我"的证明，因此，严格来讲，周法高、蒲立本所举的"我＋独"的现象不能证明"独"将焦点指向"我"的过程。但值得注意的是，伴随"独"的语义特征，句子往往是带有标记的窄域对比焦点句。这类句子确实在焦点重音上只采用"我"的形式，而不用"吾"。从某种意义上来说，主语对比焦点虽不在焦点算子"独"的焦点范域中，但周法高、蒲立本基于敏锐观察所指出的"独"常常与"我"伴随的现象，却为分析"吾""我"出现的语音环境提供了极为重要的线索。

我们先来看"我＋独＋V"的情况。先秦的语料中"我"出现在副词"独"前的例子共有 12 处，除去 1 处不表强调义外，其他 11 例均是对第一人称的强调句，在各个文献中出现的次数统计如表 4-1：

表 4-1 先秦时期第一人称代词"我"与副词"独"搭配表强调的数字统计

韩非子	论语	庄子	荀子	左传	孟子	共计
1	1	2	2	4	1	11

（54）为天下主而一国皆失日，天下其危矣。一国皆不知而我独知之，吾其危矣。（《韩非子·说林》）

（55）司马牛忧曰："人皆有兄弟，我独亡。"（《论语·颜渊》）

（56）人之生也，固若是芒乎？其我独芒，而人亦有不芒者乎？（《庄子·齐物论》）

（57）人其尽死，而我独存乎！（《庄子·在宥》）

（58）人皆乱，我独治；人皆危，我独安；人皆失丧之，我按起而制之。（《荀子·富国》）

（59）尔有母遗，繄我独无！（《左传·隐公元年》）

（60）昔我先王熊绎，与吕级、王孙牟、燮父、禽父并事康王，四国皆有分，我独无有。（《左传·昭公十二年》）

（61）我斗，龙不我觌也；龙斗，我独何觌焉？

（《左传·昭公十九年》）

以上 9 例均属于对举强调句，我们在句中用圆点着重号标出对举的两个成分。也有无法在一句中标出对举成分的，有 2 个例句中对比焦点的标记为零：

（62）与其害于民，宁我独死。请以我说。

（《左传·定公十三年》）

（63）此莫非王事，我独贤劳也。（《孟子·万章上》）

我们再来看 [独 +N] 中 N 位置上出现的第一人称代词，虽然"独我"在先秦仅出现过 1 次，但仍可以肯定，N 的位置只能出现"我"，不能出现"吾"。

（64）言我者非独我也，齐亦欲之。（《公羊传·隐公八年》）

在先秦汉语中，找不到"吾"出现在焦点标记"唯""独"关联的焦点范域中，作为被强调的句子成分的例证，这说明排他性对比焦点上使用第一人称代词"吾"是绝对不合法的。因此，确定焦点算子所标记的重音范域、焦点算子伴随的焦点重音句中提示的重音位置，可以确定句中的哪个成分需要承担重音。① 根据以上观察，我们看到，先秦汉语中"吾"从不出现在焦点重音位置上。

三、"吾""我"在"则"前出现的互补分布

在上古汉语中，"则"可以做连词、副词、语气词。它同时也是我们用于考察"吾""我"两个人称代词分布特点的重要标记之一。根据统计我们发现，先秦文献中"我则 VP"共出现 19 次。分别是《国语》中 2 次，《左传》10 次，《礼记》2 次，《庄子》3 次，《论语》2 次。而"吾则 VP"仅出现 3 次。现将这 19 次出现的情况列举如下：

（65）楚有五败，晋不知乘，我则强之。（《国语·周语》）

（66）栾、范不欲，我则强之。（《国语·周语》）

（67）定人之谓礼，楚一言而定三国，我一言而亡之。我则无礼，何以战乎？（《左传·僖公二十八年》）

---

① 如果严格按照焦点范域的概念定位焦点位置，紧邻副词"独"之前出现的第一人称代词具有的对比焦点的特征并不是焦点标记"独"赋予的，因为它不在"独"的焦点范域中。"我"做对比焦点主语的句子常常会使用副词"独"，只能说明"我"和副词"独"的共现现象。

（68）吾不得志于汉东也，我则使然。（《左传·桓公六年》）

（69）先大夫子犯有言曰："师直为壮，曲为老。"我则不德，
而徼怨于楚。我曲楚直，不可谓老。

（《左传·宣公十二年》）

（70）宋为盟故，伐陈。卫人救之，孔达曰："先君有约言焉。
若大国讨，我则死之。"（《左传·宣公十二年》）

（71）我则为政，而亢大国之讨，将以谁任？我则死之。

（《左传·宣公十三年》）

（72）郑昭宋聋，晋使不害，我则必死。

（《左传·宣公十四年》）

（73）有四德者，《随》而无咎。我皆无之，岂《随》也哉？
我则取恶，能无咎乎？（《左传·襄公九年》）

（74）子为师，我则远矣。（《左传·襄公十四年》）

（75）夫子知之矣，我则不足。（《左传·昭公十年》）

（76）二三子之嗜学也，我则有姊之丧故也。

（《礼记·檀弓上》）

（77）悼公之丧，季昭子问于孟敬子曰："为君何食？"敬子
曰："食粥，天下之达礼也。吾三臣者之不能居公室也，
四方莫不闻矣，勉而为瘠则吾能，毋乃使人疑夫不以
情居瘠者乎哉？我则食食。"（《礼记·檀弓下》）

（78）今我则已有谓矣，而未知吾所谓之其果有谓乎，其果
无谓乎？（《庄子·齐物论》）

（79）彼近吾死而我不听，我则悍矣，彼何罪焉！

（《庄子·大宗师》）

（80）我则劳于君，君有何劳于我！（《庄子·徐无鬼》）

（81）赐也贤乎哉？夫我则不暇。（《论语·宪问》）

（82）虞仲、夷逸，隐居放言，身中清，废中权。我则异于
是，无可无不可。（《论语·微子》）

《马氏文通》对"则"的语法、语义功能有十分详尽的论述，
书中提出语义上属于"直决之词"的"则"能够表达对比的含
义。马建忠说："事有对待而见为异同，'则'字承之，乃以决其
为异为同也。"又说："事理以推论而见为异同者，'则'字所以决
所推之理与上文之为异为同也。""决异同"的语义功能说明"则"
的出现往往标志着对比焦点的存在。蒲立本（2006：80）在《上
古汉语语法纲要》中专门讨论过"则"的凸显作用。他说："'则'
是小品词，意思是'那么'，用以引进条件句中表示结论的部分。
除此之外，由于'则'从语源上说毫无疑问是指示性的，它跟指
示代词性的语根'兹''此'是有联系的，因而可用来标记凸显
的名词短语以示对比。在通常的情况下，当然并非没有例外，被
凸显的成分是主语。"[1]蒲立本不仅尝试从语根上找到"则"与指
示性成分的联系，还指出它在句中的主要功能是标记对比的成分
（主要是主语）。这之后，蒲立本（1998：269）明确指出"'则'
的作用是将居前的从句或名词标明为对比"。他认为，在主句当
中出现的"则"，其功能是把注意焦点放在主语上面。他重申了
"则"具有指代意义的作用，说明当"则"使焦点落在主语上时
可以使主语变为话题："X，这个（相对于其他任何主语）"。将注

---

[1] 本文引自孙景涛的译文。原文见 Pulleyblank, E. G. *Outline of Classical Chinese Grammar*. Vancouver: UBC Press, 1995.

意焦点放在两个从句的头一个上面会产生一种功能, 即使它变成第二句的条件: "X, 在这种情况下 (与任何其他条件相对), Y"。

周法高在《中国古代语法·称代编》中以 "我则" 的条例举例说明: "'我' 字与一些副词或联词同用以加重语气"。(1959: 75) 正如以上观点分析指出的, 仔细考察 "我则" 出现的上下文语境, "我" 均为语义焦点。只是在表达焦点的含义上存在细微的差异。这样的例子在先秦汉语中共出现 19 例。其中有 9 例, "我" 用在对比焦点重音位置, 能找到与之对称的成分。如:

（83）郑昭宋聋, 晋使不害, 我则必死。

（《左传·宣公十四年》）

（84）子为师, 我则远矣。（《左传·襄公十四年》）

（85）夫子知之矣, 我则不足。（《左传·昭公十年》）

（86）二三子之嗜学也, 我则有姊之丧故也。

（《礼记·檀弓上》）

（87）彼近吾死而我不听, 我则悍矣, 彼何罪焉!

（《庄子·大宗师》）

（88）我则劳于君, 君有何劳于我!（《庄子·徐无鬼》）

（89）赐也贤乎哉? 夫我则不暇。（《论语·宪问》）

（90）虞仲、夷逸, 隐居放言, 身中清, 废中权。我则异于是, 无可无不可。（《论语·微子》）

从语义特点来分析, 以上出现在主语 "我" 之后、谓语动词之前的 "则", 都具有 "反而" "却" 的转折含义。有些 "则" 前的第一人称代词 "我", 虽找不到明显的与之对称的成分, 但具有突出强调自身情况的语义特点，可翻译为"就我这一方面来说""至于我……"，相当于英文中的"as for me"。如（69）（70）（71）（73）（77）（78）中的 7 例。

方梅（1995）指出对比焦点预设的特点是："如果说话人预设听话人认为某事是 B，而实际应该是 A，说话人说出这个句子的目的在于指别'是 A 而非 B'。这时候句子的焦点成分就是对比性的，属于对比焦点。"而（65）（66）（67）（68）这 4 个例句中，预设就是要特别强调第一人称对整个事件发挥的作用，与现代汉语中用"是……"来标定对比焦点成分的结构功能相同。

以（65）"楚有五败，晋不知乘，我则强之"为例。这是郤至对邵桓公说的一段话。内容要表达的是：晋国打败了楚国，是郤至在其中起到了关键的作用。这句话的前文是"微我，晋不战矣！"郤至一开始就表明如果没有他，那么晋国将不会出战。接着他描述了他说服晋国出战的情况：楚国有五个失败的原因，晋国却不知利用它，是我坚持才决定出战。这里的第一人称是句子焦点，还有一个证据可以说明。邵桓公叙述了郤至说出这段话的目的："今夫子见我，以晋国之克也，为己实谋之。"夫子即郤至，他来见邵桓公的目的是要强调他自己扭转了晋国不肯出兵的局面。同样的，（66）（67）（68）中的"我则强之""我则使然""我则无礼"均是为了强调第一人称在决定事件发展走向中的起到的重要作用。

综合以上分析，我们认为，在先秦汉语中"则"是一个标记对比焦点重音的标记词，其作用在于标记它之前成分的焦点身份。而第一人称代词"我"频繁地出现在"则"之前的现象，也说明了语义焦点位置对"我"的固定选择。

我们再看"吾则"出现的语境,"则"之前出现"吾",在先秦汉语中只有3例:

（91）其所善者,吾则行之;其所恶者,吾则改之。

（《左传·襄公三十一年》）

（92）桀又曰:国,君之有也,吾则外。人有言,彼以吾道是邪?我将为之。(《逸周书·殷祝解》)

这3例中的"则"相当于现代汉语的副词"就"。《古书虚词集释》说"'则'犹'辄'也,承上起下之词也"。所以它在语义上并不标记焦点重音。(91)中"所善者",为第一人称要实行的事情;"所恶者",为第一人称要改正的事情。句中的两个代词"之"正是分别指代"所善者"和"所恶者"的。这两种事情是主语要做出的行为,并不跟主语构成对立,也不是要强调第一人称对事件的影响。而说话人要突出的正是这两种行为的结果。在四个小句中,对比焦点落在"善……行;恶……改"之上,而不是第一人称代词上面。因此,"吾则"属于焦点外成分。

（92）中的"君之有也"是"主之谓"格式表达的论证体焦点（陈远秀,2017）。陈文章指出:"之"是古人用以填充或实现主谓之间的边界停顿的手段,目的是"用凸显主谓边界的方法来实现'主谓结构'的焦点性"。根据以上分析,我们得出这样的结构〔"|"代表待续调（停延）,"#"代表较长的停顿,粗体代表重音〕:

[君之 | 有也]# 吾则外。

该句是局部焦点,重音落在"君之有也"上,因此焦点后的

"吾则外"是焦点外成分。句中"则"只表示上下文的顺承关系，并不是提示焦点的标记。

因此，我们认为，"则"作为重音的标记，可以提示我们句中重音出现的位置，为我们确立第一人称代词对立形式的重音特征提供有力的证据。由此观之，先秦汉语在由"则"标记的重音位置上，从不出现第一人称代词"吾"。

四、"吾""我"在前移焦点重音位置的分布

在上古汉语中，有一种"宾语移到主题的位置（topic position）来实现它主题的功能"的句法运作。冯胜利（2000a：227）曾用图 4-2 表示（FocP 代表"焦点短语"）：

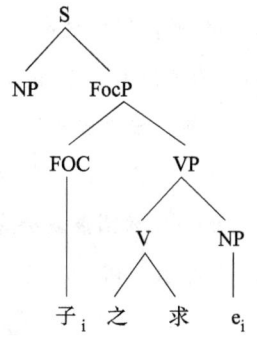

图 4-2　先秦时期焦点结构"X 之 VP"焦点移位结构图

"子之求"即"求子"。句中焦点宾语"子"前移到 VP 之前的位置，宾语之后还有一个复指代词"之"。e 代表一个空的位置，两个 i 标明名词移动的轨迹："子"是由 e 的位置移动到 VP 之前的位置的。

　　检索先秦汉语里的这类运作，我们发现前移宾语位置对"吾""我"的选择遵循着一个普遍的规律："吾"不能出现在 VP 之前的焦点位置上，只有人称代词"我"才可以前移。如：

（93）我之谓风波之民。（《庄子·天地》）

（94）望洋向若而叹曰："野语有之曰：'闻道百，以为莫己若'者，我之谓也。"（《庄子·秋水》）

（95）乌呼，"我之怀矣，自诒伊戚。"其我之谓矣。

（《左传·宣公二年》）

（96）《书》曰："欲败度，纵败礼"，我之谓矣。

（《左传·昭公十年》）

（97）苟利社稷，请以我说，罪我之由。

（《左传·宣公十三年》）

（98）我实不德，齐师何罪？罪我之由。（《左传·庄公八年》）

（99）且罪非我之由，为戮何害？（《国语·鲁语》）

（100）我之求也。此何罪？请杀我乎！

（《左传·桓公十六年》）

（101）康公，我之自出，又欲阙翦我公室，倾覆我社稷，帅我蝥贼，以来荡摇我边疆，我是以有令狐之役。

（《左传·成公十三年》）

（102）我又与蔡人奉戴厉公，至于庄、宣，皆我之自立。夏氏之乱，成公播荡，又我之自入，君所知也。

（《左传·襄公二十五年》）

（103）公号庆郑曰："载我！"庆郑曰："忘善而背德，又废吉卜，何我之载？郑之车不足以辱君避也！"

（《国语·晋语》）

　　以（103）为例，晋惠公对庆郑说："让我坐你的车。"庆郑
回答他："你忘记善行背弃恩德，又不听从吉利的卜兆，为什么说
'载我'（让我坐你的车）？我庆郑的车，不配给您避难用。"句中
的"我之载"是回指前一句晋惠公所说的"载我"，带有一种反
问的语气，可以译作"为什么居然还说'载我'"。"何我之载"
的底层结构是"何载我"。以上例句显示了代宾的前移，请看：

　　谓我 ——▶ 我之谓

　　罪由我 ——▶ 罪我之由

　　求我 ——▶ 我之求

　　自我出 ——▶ 我之自出

　　自我立 ——▶ 我之自立

　　何载我 ——▶ 何我之载

　　焦点前移运作中，宾语位置为第一人称代词的，在先秦时期
共出现了 12 次。以上 12 个例证，焦点的位置只允许"我"前移，
而"吾"是不允许被前移的。前移宾语的位置在选择第一人称代
词上呈现出互补分布。见图 4-3：

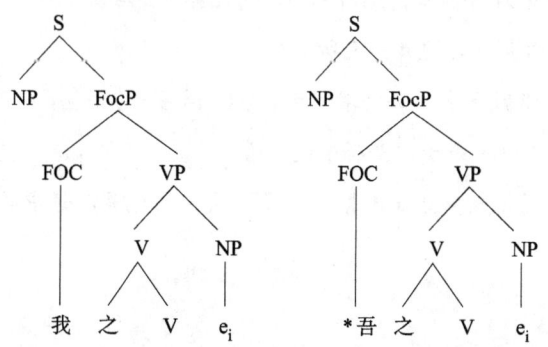

图 4-3　先秦时期焦点结构"我之 VP"焦点移位结构图

因此，先秦汉语中前移焦点的运作也支持了我们的假设，明确地显示出第一人称代词"吾"轻于"我"的事实。

综上所述，本章以韵素理论为基础，根据韵律音系学、句法学、构词学的基本原理、汉语韵律研究的成果，预测出了先秦汉语中第一人称代词"吾""我"能够出现互补分布的位置；通过对语料的检索，验证出我们的预测与材料是相合的；同时，在语料验证的基础上，对"吾""我"在先秦时期分布现象的特点进行合理的解释。

思考与练习

1. 结合第四章的理论尝试说明现代汉语中为何第一个句子合法，第二个句子不合法。

（1）小芳明明帮了你，可你还埋怨人家。

　　*小芳明明帮了你，可你还埋怨人。

2. 尝试说明语音空拍的位置对上古汉语第一人称代词的出现有所限制的原因。

（2）由也好勇过我，无所取材。（《论语·公冶长》）

　　*由也好勇过吾，无所取材。

（3）夫以城来者，必将求利于我。（《国语·晋语》）

　　*夫以城来者，必将求利于吾。

3. 举例说明焦点重音如何影响"吾""我"在先秦汉语中的分布。

5

"吾""我"韵素对立的历时演变

　　迄今为止的研究，大多能指出"吾""我"对立消失的时代，却并未具体分析两者对立消失的表现并探讨消失的动因。"吾""我"在哪些位置的使用趋同或相混？韵律作为一种形态，将促发语言的变化，汉代以后"吾""我"的分布是否与先秦时代截然有别？这些问题均未得到很好的讨论。而韵素的理论却可以成功地预测到"吾""我"演变的时代及表现。根据韵律分析，先秦时期第一人称的互补分布在西汉时期必然发生巨大的变化。因为此时，正是汉语韵律系统演变的关键时期（冯胜利，2009），不仅是第一人称代词"吾""我"交替的使用状况发生了本质的变化，一系列先秦时代普遍存在的重要结构都在东汉前后消失了，同时，汉语的构词和句法发生了巨大的变化。（魏培泉，2003；冯胜利，2005a、2009）只有韵律理论可以从运作机制上解释对立的产生，并且可以解释对立的消失。下面我们就逐一指出"吾""我"在重音位置上的分布演变。

第一节　"吾""我"在语音空拍形式前的分布

　　在第四章第一节中，我们看到，先秦时代语音空拍前位置上出现的"吾""我"呈现了互补分布的情况，本节我们将探讨这个位置上的第一人称代词从西汉开始发生了怎样的变化。

一、"吾""我" 在句末延长位置的分布

首先来看句末位置的分布变化。与先秦不同的是，从西汉开始，"吾""我"均可出现在句末位置，二者在这个位置的分布不再互补。首先，"吾"可以出现在句末了：

（1）且吾度足下之智不如吾，勇又不如吾。

（《史记·郦生陆贾列传》）

（2）子与吾，吾与子分楚国；子不与吾，子父则死矣。

（《说苑·立节》）

（3）虽然，汝虽忘乎吾，犹有不忘者存。（《淮南子·齐俗训》）

（4）申侯伯与处，常纵恣吾。（《新序·杂事》）

（5）不自贵，人将贱吾。（《孔丛子·居卫》）

（6）孺子辱吾。（《孔丛子·居卫》）

"我"也可以用于句末宾语位置：

（7）则诸侯谓吾怯，而轻来伐我。（《史记·淮阴侯列传》）

（8）赵方西忧秦，南忧楚，其力不能禁我。

（《史记·陈涉世家》）

（9）吾异日厚卢生。尊爵而事之，今乃诽谤我。

（《说苑·反质》）

（10）子虽不知，犹近之于我。（《淮南子·说山训》）

（11）舍而君而事我。（《新序·义勇》）

（12）我东北陬之槁骨也，速以王礼葬我。（《新书·谕诚》）

（13）然先生同国也，当知其术。愿以告我。

（《孔丛子·陈士义》）

到了魏晋南北朝时代，"吾""我"仍如两汉时一样，均可出现在句末位置，同样的，也不再显示先秦汉语中具有的分布规律：

（14）身为宗室遗老，历事三主，上以我为先帝旧臣，常优礼吾。（《前汉纪·孝成皇帝纪二十七》）

（15）贼来追吾，虽日行数里，吾策之，到安众，破绣必矣。（《三国志·魏书·武帝纪》）

（16）吾素志无廊庙，直王丞相时果欲内吾，誓不许之，手迹犹存，由来尚矣，不于足下参政而方进退。（《全晋文·报殷浩书》）

（17）蒙逊、炽磐昔皆委质于吾，今而归之，不亦鄙哉！（《魏书·列传第八十七》）

（18）先公车骑舍其子虔以大业属吾，吾岂敢忘先公之举而私于纬代，其以慕璝继事。（《魏书·列传第八十九》）

（19）许攸慢吾，如何可置乎？（《三国志·魏书·杜袭传》）

（20）夫济大事必以人为本，今人归吾，吾何忍弃去！（《三国志·蜀书·先主传》）

（21）可复以五百人益吾，吾往对之，保羽闻吾欬唾，不敢涉水，涉水即是吾禽。（《三国志·吴书·甘宁传》）

（22）我待汝兄弟厚，汝今领部，宜来从我。（《魏书·列传第十一》）

（23）向录公见接殷勤，流连不能已，而貌有惭色，此必欲杀我。（《南齐书·列传第十六》）

（24）刘备有英名，关羽、张飞皆万人之敌也，权必资之以御我。（《三国志·魏书·程昱传》）

通过以上例证，我们看到，在先秦与两汉时期，第一人称代词"吾""我"在句末位置的分布呈现出了截然不同的特点。先秦时期的第一人称代词"吾"出现在句末位置不合法，到了汉代，"吾"却可以出现在句末，即发生了如下演变（#代表停顿）：

*吾#（先秦）———→吾#（两汉）———→吾#（魏晋南北朝）

"吾""我"在句末位置分布特点的变化可以通过表5-1概括为：

表5-1　先秦、两汉及魏晋南北朝时期"吾""我"在句末位置的合法度

	"吾"在句末的合法度	"我"在句末的合法度
先秦	-	+
两汉	+	+
魏晋南北朝	+	+

我们分别统计了先秦、两汉、魏晋南北朝时期"吾""我"在句末位置出现的次数和比例，如表5-2所示（"#"代表停顿）：

表5-2　先秦、两汉及魏晋南北朝时期"吾""我"在句末位置的使用统计

	先秦	两汉	魏晋南北朝
吾+#	2	23	94
我+#	280	640	2840
"吾"在句末出现的比例	0.71%	3.47%	3.20%

我们可以对表5-2呈现的演变做出细致的分析，观察"吾""我"出现在句末的比例变化。表5-2显示，先秦时期，"吾"是被句末位置排斥的。我们在传世文献和出土文献中仅找到两例"吾"出现在句末的句子（见第四章第一节），占"吾""我"句末

出现总数的 0.71%。两汉时期，这个比例已经上升到 3.47%。到了魏晋南北朝，这个比例保持在 3.20%。

我们注意到，虽然从西汉开始，汉语越来越趋向于使用统一的第一人称代词形式"我"，但在为数不多的"吾"的出现语境中，它位于句末的比例却是逐渐上升的。同时，从西汉开始，"吾"在句末与"我"不存在对立了。①

句末位置对"吾"的排斥为何消失于西汉，是汉语史研究必须解释的重要问题。根据我们的理论，句末位置对"吾""我"的选择是韵律系统发挥作用的产物，先秦时期的两个形式表现为韵素数量上的区别，单韵素的形式必然为句末位置需要实足音步的韵律条件所限。句末前出现一个实足音步是语音系统的普遍要求，它不再排斥单韵素"吾"的原因，恰恰说明此时单韵素的"吾"与双韵素的"我"不再构成对立。韵律系统开始以单双音节标志轻重的对立，"吾""我"虽有单双韵素的分别，但均为单音节，在韵律系统中无法形成音步对立的关系。

二、"吾""我"在判断句主语、谓语间无音位置的分布统计

从西汉开始，第一人称用作先秦判断句［NP，NP 也］主语位置的例证虽不多见，但也呈现了与先秦截然不同的特点：在我们检索到的例证中，"吾""我"均可以做判断句主语。

（25）吾，天公使也。（《汉书·王莽传》）

---

① 朱庆之（2012）指出："翻译佛典与本土文献在第一人称代词使用方面的差异，其实是二者语体不同的反映。"第一人称"吾""我"两者的对应关系，从先秦到两汉时期究竟发生了什么变化，我们在第六章会做进一步的讨论。

（26）我，孙叔敖子也。（《史记·滑稽列传》）

（27）我，若君也，道安从出？（《新序·杂事第二》）

（28）我，某公也，谓汝避兄耳，何意真然耶？

（《风俗通义》）

魏晋南北朝时期，"吾""我"仍均可用作判断句主语：

（29）吾，袁氏故吏，且才不如本初，度德而让，古人所贵，
诸君独何病焉！（《三国志·魏书·袁绍传》）

（30）我，天女也，受命相偶。（《魏书·序纪第一》）

（31）我，张益德也，可来决死！（《华阳国志·卷六》）

我们在前文中已经说明，"吾#，NP也"这样的表达式在先秦时期从未出现过。但是两汉时期，表达式"吾#，NP也"开始出现，发生了如下变化：

*吾#，NP也 ——→ 吾#，NP也

我们可以用表5-3来说明第一人称代词"吾""我"在判断句主语位置出现的历史演变（#代表停顿）：

表5-3 先秦、两汉及魏晋南北朝时期"吾""我"在语音空拍前位置的合法度

	吾+#	我+#
先秦	－	＋
两汉	＋	＋
魏晋南北朝	＋	＋

我们认为，两汉时期会发生演变的原因，并不是判断句谓语前的语音停顿对它之前的位置失去了语音上的要求，而是这种

要求对"吾""我"的区别开始变得不敏感。何以西汉以来的文献在对上古汉语判断句句式的模仿中，忽视了主语位置从不出现"吾"的特点呢？显然，这与"吾""我"是否在当时语音系统中存在对立息息相关。前文已经指出，先秦汉语的判断句主题位置对第一人称代词的选择，起决定作用的是"我""吾"的韵律分量。既然西汉时韵律对立不再存在，那么选择哪个第一人称代词对于使用者来说，并无分别，因此，"吾"也被允许进入到这个位置上了。

第二节　"吾""我"在对比重音效应作用位置的分布

在第四章第二节中，通过观察语言系统中对比强调的焦点结构，我们看到的大量事实是对比重音位置上只允许第一人称代词"我"出现。那么，从西汉开始的语言中的对比焦点是否还存在"吾""我"的互补分布呢？

首先，先来观察"吾""我"在焦点算子"则"前出现的情况。从西汉起，"吾"开始用作句子的对比焦点成分了，如《春秋繁露》中，以"吾"与"彼"相对，列举出对立的两种情况：

（32）是故为人君者，执无源之虑，行无端之事，以不求夺，
　　　以不问问；吾以不求夺，则我利矣；彼以不出出，则
　　　彼费矣；吾以不问问，则我神矣，彼以不对对，则彼情
　　　矣。故终日问之，彼不知其所对；终日夺之，彼不知其
　　　所出。吾则以明，而彼不知其所亡。(《春秋繁露·卷六》)

这一时期，"我"也同时可以承担句子的对比焦点重音，如：

（33）纵荆邦之贼者，我也；报荆邦之仇者，子也。两而不
仁，何相问姓为？（《越绝书·卷一》）

（34）故善否，我也；祸福，非我也。（《淮南子·缪称训》）

（35）且彼为彼，我为我，彼虽裸裎，安能污我？

（《古列女传》）

（36）身通而知困，官大而德细，于彼为荣，于我为累。

（《论衡·自纪》）

到了魏晋南北朝时期也是如此：

（37）人则求古于今，谓其不住；吾则求今于古，知其不去。

（《全上古三代秦汉三国六朝文·物不迁论》）

（38）足下专遵佛迹，无侮道本；吾则心持释训，业爱儒言。

（《弘明集》）

（39）足下未之前闻，吾则前闻之矣。（《弘明集》）

以上三个例子，很明显的用"吾"与"人""足下"进行对
比，说明两方面不同的情况。

魏晋南北朝时期的文献中，也可以找到"吾"在排他性焦点
算子"唯"后作为句中对比焦点的例证：

（40）朝廷之士及大臣藩镇，喜殆无所畏者，畏者唯吾一人
耳。（《宋书·列传第四十三》）

（41）子之言神，将为彼邪？唯吾亦不敢明也。（《嵇中散集》）

（42）吾自幼游此，至今五十二年，昔同至者，今尽零落，

唯吾一人，重得来耳，于是凄感，殆不自胜。(《全北齐文·重登云峰山记》)

魏晋时期，"我"同样可以出现在这个位置，充当句子的焦点：

（43）彼理家富唯我贫矣。(《六度集经》)

（44）老病死法常害众生，唯我一人能独出离，但为众生故久住世耳，随汝所爱，悉当与之。(《菩萨本缘经》)

（45）我今家内无出家者，唯我应当舍家出家；若不尔者。须遣我弟摩尼娄陀而出家也。(《佛本行集经》)

（46）教化众生，思念之心，日时相续，令他人得乐，惟我苦恼。(《佛说众许摩诃帝经》)

（47）唯我独乘六度宝车，被忍辱铠，于菩提树下，坐金刚座，降魔王怨，独得佛道。(《贤愚经》)

（48）诸比丘众皆奉学戒及世尊境界诸微妙法，唯我说不堪任，从坐起去，所以者何。(《中阿含经》)

（49）悬赏所购，唯我而已，今不遽走，将为人禽。

(《宋书·列传第四十四》)

（50）我兄弟屠灭已尽，唯我一身漏刃相托。

(《魏书·列传第二十六》)

同样的，在汉代，排他性焦点算子"独"的焦点重音之后，"吾""我"均可用作句子焦点：

（51）行数十步，念独吾死可，空复令他人见之死为，回埋掩其形。(《全后汉文·卷九十九》)

（52）故吾急传天语，自太古到今，天地有所疾苦，悒悒而
　　　不通，凡人不得知之，皆使神圣人传其辞，非独我也，
　　　真人勿怪之也。（《太平经》）

魏晋南北朝时期，"吾""我"均可做"独"后的对比焦点：

（53）独我至此，供养如来。（《大方等大集经》）

（54）住处悭者，独我住此，不用余人。家悭者，独我入出
　　　此家，不用余人……称赞悭者，独称赞我，勿赞余人。
　　　设赞余人亦勿令胜我。法悭者，独我知十二部经义，
　　　又知深义，秘而不说。（《中华大藏经·成实论》）

（55）上官皆畏之，非独我也。（《异苑》）

（56）不独我称誉阿弥陀佛光明也。

　　　　　　（《佛说阿弥陀三耶三佛萨楼佛檀过度人道经》）

（57）阿兰无智，独吾有智；阿兰无信，独吾有信。

　　　　　　　　　　　　　　　　　　（《出曜经》）

我们在第四章中指出，探讨 [唯 +N]、[独 +N] 中 N 的位置
上出现的第一人称代词，能说明焦点标记"唯""独"如何实现
焦点重音的指派。而从先秦到两汉时期，N 的位置上决不能出现
"吾"的现象改变了。我们同样可以用表 5-4 来说明第一人称代
词"吾""我"在排他性焦点算子后出现的历史演变（EO=exlusive
operator 排他性焦点算子）：

表5-4 先秦、两汉及魏晋南北朝时期"吾""我"在排他性焦点算子后位置的合法度：

	EO＋吾	EO＋我
先秦	-	+
两汉	+	+
魏晋南北朝	+	+

第四章第二节已经指出，在先秦汉语中，有一种以介词"于"作为焦点标记引入对比焦点的结构，其焦点范域在介词宾语上。这时，在"于X"焦点结构X重音位置上只能出现第一人称代词"我"，不允许出现"吾"。到了两汉时期，这种焦点结构仍在继续使用，"于"后却不再对第一人称代词"吾"有所限制，请看两汉时的例子：

（58）鸟苟食邹之秕，不害邹之粟而已。粟之在仓，与其在民，于吾何择？（《新书·春秋》）

同时，"于"后仍可使用"我"作为对比焦点：

（59）其于我无以亲，以近之故，乃得显明。

（《春秋繁露·卷九》）

（60）生不能正君者，死不当成礼，置尸于北堂，于我足矣。

（《新序·杂事第一》）

（61）鸟苟食邹之秕，不害邹之粟也，粟之在仓与在民，于我何择？（《新序·刺奢》）

（62）纵其胜赵，于我何损？邻之不修，国之福也。

（《孔丛子·论势》）

（63）远世之王，于我何有？（《孔丛子·答问》）

到了魏晋南北朝时期，第一人称代词"吾""我"均可以做"于"引导的对比焦点，出现在焦点重音的位置上，如：

（64）况此诸吏，于吾未有失乎！（《三国志·魏书·高柔传》）

（65）朱修之三世叛兵，一旦居荆州，青油幕下，作谢宣明面目向，使斋帅以长刀引吾下席。于吾何有，政恐匈奴轻汉耳。（《宋书·列传第二》）

（66）正令选官设作此举，于吾亦无剑戟之伤，所以勤勤畏人之多言也。（《宋书·列传第二十二》）

（67）如其奸回返覆，孤恩背德者，此不过为逋逃之寇，于我何损。（《魏书·列传第五十七》）

（68）修身笃学，自汝得之，于我何有。（王隐《晋书》）

通过观察上面的例子，我们看到"于吾"的使用经历了从无到有的变化过程：＊于吾→于吾。这种演变说明，"吾""我"在"于"后对比重音位置的对立从西汉开始逐渐消失了。同是对比焦点结构，为什么会出现"＊于吾"到"于吾"的演变呢？如果不考虑韵律的因素，我们恐怕很难说明以上的演变。就焦点结构"于 X"而言，X 的重音位置应当允许任何名词的进入，这样一来，就无法解释先秦汉语的"吾"为什么无法出现在 X 上。如果仅从"焦点对立"的角度尝试说明对立产生的原因，对分析共时的分布规律尚有效力，但遇到历时的演变，就只能得到"焦点从无到有"的结论，显而易见，这样的结论不符合语言的事实，反而动摇了"焦点对立"的解释力量。"焦点对立说"面临的难题在于，它无法否认"焦点结构始终存在"，不能圆满地解释"焦点位置的对立消失"。由此可见，韵律分析的优越性可以从焦点重音的演变中充分体现出来。它不仅可以预测和解释共时的互补分布，同时能够将历时的演变与共时的规律统一起来。

下面我们再来观察从西汉开始，焦点算子"于"之前的非重音位置上的成分出现了哪些变化。前文我们指出，在先秦汉语中，紧邻"于"之前的主语位置出现第一人称代词"我"的情况仅有两例，并且这两次出现均是由于句子需要实现对比焦点。但西汉以来，我们可以见到"我"出现在非重音位置的情况，如：

（69）假我数年，若是，我于《易》则彬彬矣。

（《史记·孔子世家》）

这一时期，"吾"也同样可以出现在"于"前弱读的位置：

（70）今吾于爵非轻也，吏独安取此！（《汉书·高帝纪》）

（71）吾于天下贤士功臣，可谓亡负矣。（《汉书·高帝纪》）

我们在先秦与西汉的文献中，发现一个有趣的现象，可以描绘"吾""我"使用规律发生变化的痕迹。试将《史记》中的例子（73）与第四章第二节提到的例句进行比较：

（72）吾于天下不贱矣。（《荀子·尧问》）

（73）我于天下亦不贱矣。（《史记·鲁周公世家》）

《荀子》中的原文为：

　　吾语女：我，文王之为子，武王之为弟，成王之为叔父，吾于天下不贱矣，然而吾所执贽而见者十人，还贽而相见者三十人，貌执之士者百有余人，欲言而

请毕事者千有余人，于是吾仅得三士焉，以正吾身，以
定天下。

《史记》中的原文为：

> 周公戒伯禽曰：我，文王之子，武王之弟，成王之
> 叔父，我于天下亦不贱矣。然我一沐三捉发，一饭三吐
> 哺，起以待士，犹恐失天下之贤人。子之鲁，慎无以国
> 骄人。

《荀子》和《史记》中所表达的语义虽有细微差别，但就其
上下文的语境来说，两处文献基本是相同的，叙述的是周公作为
文王之子、武王之弟、成王叔父的尊贵身份，从而说明自己的地
位之高，然后引导出即便是这样高贵的地位，也要礼贤下士。因
此，我们可以看出，第一人称代词在"于天下不贱矣"一句中不
是要强调的成分，不管是《荀子》中的"吾于天下不贱矣"，还
是《史记》的" 我于天下亦不贱矣"，句子的重音均由"不贱"
承担。

我们在《韩诗外传》和《说苑》中，也发现了类似的句子：

（74）吾，文王之子，武王之弟，成王之叔父也，又相天子，
吾于天下亦不轻矣。然一沐三握发，一饭三吐哺，犹
恐失天下之士。（《韩诗外传》）

（75）我，文王之子也，武王之弟也，今王之叔父也，又相
天子，吾于天下亦不轻矣，然尝一沐而三握发，一食
而三吐哺，犹恐失天下之士。（《说苑·敬慎》）

《史记·鲁周公世家》一句应当是参考了《荀子·尧问》及《韩诗外传》的材料，对其进行了引用和改写，但在改写中，却将两个第一人称代词"吾"换成了"我"。到了刘向《说苑》，虽然我们不清楚他引用前代文献的来源，但其第一人称仍保持先秦时使用的"吾"。我们可以概括四个第一人称代词在主语位置的焦点特征：

吾 [-F] 于天下不贱矣。(《荀子·尧问》)

吾 [-F] 于天下亦不轻矣。(《韩诗外传》)

我 [-F] 于天下亦不贱矣。(《史记·鲁周公世家》)

吾 [-F] 于天下亦不轻矣。(《说苑·敬慎》)

我们在前文已指出先秦汉语中焦点结构"X 于 Y"的韵律模式，而从两汉开始，这种模式的实现方式发生了改变，见图5-1：

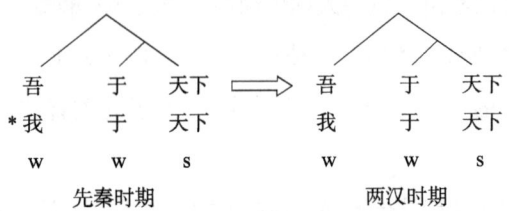

图 5-1 先秦、两汉时期"X 于天下"结构中 X 位置使用"吾""我"的合法度演变

先秦时期，"我"不能进入韵律上"弱"的位置。根据我们之前的假设，到了两汉时期，音步类型由韵素音步变为音节音步，"吾""我"均不能自成音步，因此，并不构成韵律上的对立，最终导致两者均可以出现在弱读的位置。根据我们的观察，在魏晋南北朝时期，"吾""我"均可以用于弱读的位置上，

请看:

（76）吾于音乐，听功不及自挥，但所精非雅声为可恨。

（《南史·范晔传》）

（77）吾于左右虽为少恩，如闻外论，不以为非也。

（《宋书·列传第二十一》）

（78）吾于斯人见廉范之情矣。（《魏书·列传第七十四》）

（79）故吾于是不知所云。（《维摩诘所说经》）

（80）我于彼人各无所犯，内外清净息意不起亦名为梵志。

（《出曜经》）

（81）我于道心，修善布施，终无退缩。（《贤愚经》）

（82）我于一切无量众生，尚能弃舍所重身命。

（《菩萨本缘经》）

以上我们对"X 于 Y"结构的轻、重音位置上出现"吾""我"现象的分析表现出西汉以来二者在韵律轻重位置上的混同。在先秦时代，轻的位置只能是"吾"，重的位置只允许"我"出现；两汉时期，轻、重位置上"吾""我"均可。

我们列举了两汉及魏晋南北朝时期第一人称代词"吾""我"在句子对比重音位置的分布情况。无论是对举句中的焦点、排他性焦点算子"唯""独"范域内的焦点位置，还是"于"后的焦点成分，均可以接受两个代词中的任何一个。由此可见，从汉代开始，对比重音位置对"吾""我"不存在强制性的要求了。

需要特别指出的是，两汉以来的"吾""我"在前移焦点位置的分布我们没有找到。因为先秦汉语"焦点前移"的运作，在西汉时期已非常罕见。魏培泉（2003）指出"这种焦点移前规则到了战国中晚期可能已经失去，因为其时例子已不多，而且自西汉以后也罕见其例。"目前我们未检索到先秦之后有"吾""我"作为焦点的焦点前移式。

本章我们考察了第一人称代词"吾""我"在先秦与两汉以来的分布特点，并做出相关的统计。以上统计显示：先秦时期两者的分布及是否合法，在一些结构中确实是存在规律的，而从西汉开始这些规律无一例外地消失了。我们用于考察"吾""我"分布的位置无一不显示出两者在韵律上的差异。因此，我们说，"吾""我"的差异是韵律效应的反映。

我们的分析表明，两汉时代正是"吾""我"的使用发生重大变化的关键时期。在句末位置、判断句的主语、对比焦点位置，先秦汉语原本严格限制"吾"的出现，而西汉时期语言系统开始接受"吾"在这些位置出现。正如向熹（1993：50）指出的："汉代以后，'吾'和'我'在口语中逐渐合一，书面语里'吾'用得少了。"这说明汉代是"吾""我"的使用趋向合一的一个重要的时间点。朱庆之（2012）也指出："在上古时期，汉语有不止一个的第一人称代词在同时使用。后来，这些代词除了'我'，其余都退出了口语。"这是古汉语第一人称代词的一个重要变化。该文通过语料库的统计，确定了这一变化最晚在东汉时期（25-220）已经结束。本书对"吾""我"在重音位置的演变统计不仅与朱先生的研究是相合的，而且清晰地说明，韵律分析可以解释"吾""我"历时演变的时代特征与动因机制。

冯春田（1992）认为魏晋以来"我""吾"在语法格位范畴上

有两个重要变化：

一、"吾"已经打破了做宾语时的"做介词宾语"和"做否定句动词前置宾语"的限制；

二、相较于"吾"，"我"由处于领格的劣势地位转为处于优势地位。

该文还指出："由'我''吾'共存，到以'我'独尊，在这一变化过程中，问题不在于'吾'在何种程度上遵循或超出了它在早期的某些语法格位范畴，也不在于'我'有哪些用例仍体现出其与'吾'的早期差别，而在于'我'如何在其原来的语法格位范畴的基础之上扩大其范围（领格）。因为'吾'在上古较少处在宾格（特别是动词后的宾格），即使在魏晋而后有上升的趋势，但仍无法超越'我'在宾格上的优势。这就说明了'吾'所具有的自身的局限性。而'我'则主要处于主格、宾格，虽然它在上古处于领格较'吾'为少，但一直有相当数量的用例。因此，一旦'我'在领格这一范围内增加出现频率或活跃起来，那么自身原有较大局限性的'吾'的淘汰之势形成，就近乎不可避免的了。"

冯春田的分析给我们的启发是，"吾"从先秦到两汉及魏晋时期，一直是一个被限制的第一人称代词。虽然"吾""我"的真正区别并不体现为格位的差异，但"吾"的句法位置受到很大局限却是不争的事实。我们认为，这是由先秦时期语言的韵律特征决定的。为何"吾"在西汉以后没能成为第一人称代词的主流形式？根据我们的理论，"吾"在先秦时期一直作为"我"的语音变体形式出现，即使在两汉时期韵素对立的消失使得它逐渐成为一个独立于"我"的人称代词，但仍然没有"我"强势。我们将在第六章从韵律理论及语音理论的角度进一步探讨"吾""我"分布属性的实质。

思考与练习 ————————————————————————

1. 请举例说明"吾""我"从先秦到两汉时期的分布经历了哪些变化。

2. 为何"韵素对立"能够解释"吾""我"历时的变化？

3. 与先秦不同的是，在西汉时期，对比重音位置上既可以出现"吾"，也可以出现"我"，应如何解释这种现象出现的原因？

6

"吾""我"分布属性的韵素分析

本章我们根据韵律学的基本原理，推导相关理论如何在研究"吾""我"的对应属性问题上发挥作用，旨在强调：韵律理论中的普遍原则必须在具体问题的分析中得到贯彻。我们将结合上古音研究的成果，探讨"核心重音原则"与"韵律隐形条件"对研究上古汉语第一人称代词"吾""我"的交替使用和分布情况有何影响，指出底层形式和表层形式的确定对"吾""我"关系的定义具有关键的作用，说明人称代词是韵律上的隐形成分，但语音上的隐形并不是语音弱化的必要条件。同时，介绍"焦点—重音对应规则"的运用在分析第一人称代词如何实现句子焦点重音的过程中有何重要意义。本章我们提出如何基于韵律学的基本理论，解决"吾""我"关系的设想，并明确指出本书的主要观点。

第一节 "吾""我"的上古韵部及韵素特征

本节将利用上古汉语语音构拟的成果，从语音学的原理出发，解释产生"吾""我"轻重效应的语音机制。本节将说明上古汉语韵律系统实现语音轻重基于韵素数量响度的差异，计算"吾""我"的韵素响度绝对值，并对其进行比较，指出"吾""我"分属上古汉语的鱼、歌两个韵部，是构成相对轻重关系的语音基础。

一、上古汉语鱼、歌二部的语音之别

第一人称代词"吾""我"分属上古的鱼、歌两部，首先来看看二者在语音上的区别。表 6-1 是七家学者的拟音：

表 6-1 "吾""我"的七家上古拟音

	高本汉	王力	俞敏	李方桂	白一平	郑张尚芳	潘悟云
吾	ŋo	ŋa	ŋa	ŋag	ŋa	ŋraa	ŋaa
我	ŋɑ	ŋai	ŋal	ŋarx	ŋajʔ	ŋaalʔ	ŋaalʔ

"吾"，疑母二等鱼部；"我"，疑母一等歌部。在高本汉的拟音中，鱼歌二部韵母数量相同，但主要元音有异，歌部主要元音 [ɑ] 比鱼部主要元音 [o] 开口度大①。王力最初将歌部拟作与鱼部相同，后接受郑张尚芳意见改歌部为 [ai]，改鱼部为 [a]，歌部比鱼部多一个元音韵尾。俞敏拟歌部为 [al]，鱼部为 [a]，歌部比鱼部多一个流音韵尾，这是根据梵汉对音得到的结果。李方桂的鱼部与歌部元音相同，鱼部有辅音韵尾 [-g]，歌部有一个辅音韵尾 [-r]，但同时因为"我"在中古为上声，相应地在上古就有一个韵尾 [-x]。白一平构拟的歌部、鱼部主要元音相同，鱼部为 [a]，歌部辅音韵尾为近音韵尾 [-j]。郑张尚芳虽开始提出将歌部拟为 [ai]，但后来认为 [-i] 最早的形式当是 [-l]，故又将歌部改拟为 [al]。潘悟云在这方面的看法与郑张尚芳一致。与其他五家学者拟音不同

---

① 高本汉在 *Grammata Serica*（《汉文典》）和 *Compendium of Phonetics in Ancient and Archaic Chinese*（《中上古汉语音韵纲要》）中将歌部的"我"的元音构拟为后低元音 [ɑ]，鱼部的"吾"的元音构拟为后中高元音 [o]。他认为歌部应当两分，一部分字（第八部）带 [r] 韵尾，与收 [n] 的字或与前面 [r] 部的字有偶然的联系；一部分字（第三十五部）没有 [r] 韵尾，而歌部的"我"属于第三十五部。

的是，郑张尚芳与潘悟云均采用长、短元音的构拟，即中古一等、二等、四等字在上古为长元音，中古三等字在上古为短元音。"吾""我"二字虽分别为二等韵、一等韵，但一、二等的元音长短属于一类，故均构拟为长元音 [aa]。此外，这时已统一将中古上声字的韵尾拟作喉塞音 [-ʔ]。

参考上述各家拟音，我们发现大多数学者（除高本汉外）都承认上古汉语的歌部应当存在一个韵尾。各家学者为歌部构拟的韵尾虽然不尽相同，但其构拟的根据却基本一致：为了照顾歌部与元部、微部等韵部之间的密切关系。王力、李方桂根据歌部与元部谐声及押韵的痕迹，为它构拟辅音韵尾 [-r]。郑张尚芳改歌部收 [-i] 尾，而不用之前的 [a]，是出于对整个上古音系的考虑，使歌部跟脂微相区别，又利于解释方言与亲属语的对应现象。而俞敏将歌部韵尾拟作 [-l]，亦是从梵汉对音的材料中寻找到的线索，力图能够照顾到歌、元相混的现象及后来语音系统的演变。[①] 白一平将歌部韵尾改拟为 [-j]，参考的是闽方言词和其他方言、其他语言中一些汉语借词读音中 [aj] 的单元音化（monophthongization）的现象，同时也考虑到 [-j] 韵尾与 [-n] 韵尾常常显示出的一些密切联系。（Baxter, 1992：292-294）潘悟云（2007）提供了一系列证据证明，汉代的歌部韵尾 [-j]，是由上古汉语 [-l] 演变而来的。

值得我们注意的是，以上为歌部构拟韵尾的各家所依据的押韵、谐声材料，并未涉及歌部与鱼部字之间的关系，而是借助歌部与元、微部之间的关系进行构拟。这就说明鱼、歌两韵部的拟

---

① 俞敏先生在早期将"我"拟为 [ŋad]，后来受后汉三国梵汉对音的启发，改为 [ŋal]。感谢施向东教授为作者说明了俞敏先生古音构拟的前后变化。

音并非是在对它们相互关系的分析中完成的。上古汉语鱼部的构拟对歌部的构拟，具有相对的独立性；反之亦然。

二、先秦汉语"吾""我"语音轻重的实现方式

我们知道，语言系统的音步类型决定韵律轻重以何种方式实现。音步是韵律系统中最小的独立单位，一个轻重的组合就是一个音步。根据冯胜利的研究（Feng，1995、1997；冯胜利，2000a、2000b、2009），上古汉语与现代汉语的音步类型截然不同，属于单音节音步。这种单音节音步的轻重依靠"音节内部成分的多少"决定。他的研究不仅明确指出了古今汉语韵律模式的演变机制，并且为古汉语的韵律类型研究建立了理论基础。现代汉语是音节音步，其韵律结构的基本单位是双音节，也就是说单音节不足以构成一个音步。① 但上古汉语则不然，语音的轻重在一个音节里就可以实现，韵母就能满足建立一个音步的条件，因此，音节的长短与轻重是存在对应关系的。上古汉语和现代汉语实现语音轻重的方式是截然不同的，见图 6-1、图 6-2：

图 6-1　上古汉语韵素音步结构② 　**图 6-2　现代汉语音节音步结构**③

---

① 正是声调对现代汉语音节音步的形成产生了至关重要的影响。因为现代汉语音节长度的不同是声调长度的不同，并不取决于音节内部韵素的多少，所以声调阻止了韵素在音节内部建立音步。（冯胜利，2000a）

② f=foot（音步），μ=mora（韵素）。

③ σ=syllable（音节）。

上古汉语的音步类型,证明其语音系统中音节内部韵素数量、响度的差异能够表现为轻重的对立,决定了在研究两个第一人称代词的轻重时我们可以采用"韵素分析法"。在节律音系学中,韵素(mora)代表韵母中的一段具有语音长度的单位,指音节韵母中所包含的最小的韵律成分。韵素的概念通常不涉及音节中的声母,因为声母不承担整个音节的重量。来看"吾""我"音节内部的韵素差异。图 6-3、图 6-4 分别为第一人称代词"我""吾"的音节结构(以郑张尚芳、潘悟云的拟音为参考):①

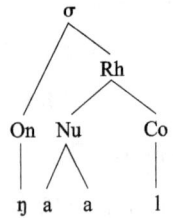

图 6-3 上古汉语"我"的音节结构

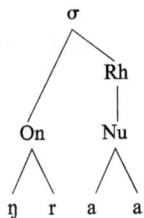

图 6-4 上古汉语"吾"的音节结构

我们可以清楚地从图 6-3 和图 6-4 中看到"我""吾"两个音

---

① Rh=Rhythm(韵母),On=Onset(声母),Nu=Nucleus(韵核),Co=Coda(韵尾)。

节的韵素差异。图6-3中"我"的韵素共有三个，分别为[a]、[a]、[l]。图 6-4 中则显示"吾"的韵素只有两个：[a] 和 [a]。"我"有三个韵素而"吾"只有两个，这就说明，"我"的韵素数量要比"吾"多，"吾""我"两音节在韵律结构上构成对立。

以上七家学者拟音不尽相同，但在其中五家的构拟中，歌部的"我"包含的韵素数量均比鱼部的"吾"要多（王力、俞敏、白一平、郑张尚芳、潘悟云）。与其他五家不同的是，高本汉、李方桂的拟音并没有显示韵素数量的对立，而是元音特征的对立。但这也并不阻碍韵素分析得出的结论，因为在节律音系学中，元音的响度与音节的轻重有着密切的关系。Richard Hogg & C.B. McCully（1987：33）曾建立一个响度层级（见表 6-2）来说明音节成分的响度值分布：

表 6-2 Richard Hogg & C.B. McCully（1987）建立的响度层级表

Sounds （音段类型）	Sonority values （响度值）	Examples （例子）
low vowels（低元音）	10	/a, ɑ/
mid vowels（中元音）	9	/e, o/
high vowels（高元音）	8	/i, u/
flaps（闪音）	7	/ɾ/
laterals（边音）	6	/l/
nasals（鼻音）	5	/m, n, ŋ/
voiced fricatives（浊擦音）	4	/v, ð, z/
voiceless fricatives（清擦音）	3	/f, θ, s/
voiced stops（浊塞音）	2	/b, d, g/
voiceless stops（清塞音）	1	/p, t, k/

在响度层级中，音段的响度值与音节重量成正比，即响度值

越高，音段在韵律上表现得越重。高本汉将"吾"的主要元音拟作 [o]，属于中元音，其对应的响度值为 9；而"我"的主要元音拟作 [ɑ]，属于低元音，其对应的响度值为 10。也就是说，"我"的元音比"吾"的元音响度值高 1 度。李方桂构拟的歌鱼二部主要元音相同，韵尾不同。鱼部韵尾 [g] 为浊塞音，响度值为 2。李方桂先生的歌部韵尾 [r] 和白一平系统中的 [j]，虽未在表 6-2 中出现，但根据王洪君（2008：99）对响度的声学描述，[r] 为流音，与 [l] 同样赋值为 6，[j] 为半元音，赋值为 7，与表中的闪音一致。因此，在统计了"吾""我"的韵素响度之后，我们看到的是在两者韵母数量相同的情况下，"我"在韵律上比"吾"要重。

各家拟音中歌、鱼二部的韵素响度值可以表示为表 6-3：

表 6-3 "吾""我"七家拟音的韵素响度值

	高本汉	王力	俞敏	李方桂	白一平	郑张尚芳	潘悟云
吾	9	10	10	10+2=12	10	10+10=20	10+10=20
我	10	10+8=18	10+6=16	10+7=17	10+7=17	10+10+6=26	10+10+6=26

以上计算出的七家拟音韵素响度值比较，可归纳为：

ɑ>o   ai>a   al>a   ar>ag   aj>a   aal>aa

七家学者在各自建立的语音系统中对分属上古汉语鱼部、歌部的"吾""我"的拟音不尽相同，但都惊人地显示出两者在韵律上的对立，即：歌部比鱼部韵素多，响度大。

高岛谦一（1999）列举了上古汉语中阴声韵（CV）与入声韵（CVC）的强弱对立。我们看到，上古汉语中有这样的现象，即入声韵比其对应的阴声韵多一个塞音韵尾，实现韵律上的轻重对立，即：

如 [nja]　　　　　若 [niak]

何 [g'a]　　　　　曷 [g'at]

胡 [g'o]　　　　　恶 [ʔak]

有 [wjə]　　　　　或 [wjək]

而我们在这里说明的是同属阴声韵部的歌部（CVV）与鱼部（CV）之间的对立，即（此处用郑张尚芳拟音）：

吾 [ŋraa]　　　　　我 [ŋaalʔ]

　　这就证明了除入声韵与阴声韵之间存在强弱差别外，上古阴声韵部之间亦有强弱等级之差。因此，第一人称代词"吾""我"在韵律上就可以描述为：在以韵素实现轻重对立的上古汉语韵律系统中，构成相对凸显关系的两个单音节音步。

　　如果说韵素的多少、轻重是导致上古汉语"吾""我"交替使用的原因，那么在具体的语言环境中，两者必然表现为韵律轻重的差异。我们只要观察上古汉语重音的指派情况，看"吾""我"的使用是否无一例外地呈现了韵律上的规律，就可以验证"韵素对立说"的推测。

　　综上所述，我们从节律音系学的角度考察了上古汉语音步类型的特点，说明了上古汉语的音节结构能够自成音步的条件，同时指出了两个第一人称代词"吾""我"音节内部的韵素特征不仅存在差异，并且能够将之实现为语音的轻重差别。基于这种分析，我们便可以说明音段形式差异与轻重音的联系，不仅可以解释前文指出的"吾""我"在共时上的差异，并且可以说明两者换用的历时演变问题。

第二节　"吾""我"对立的韵素分析

本节，我们将根据第一节中讨论的韵律原理对"吾""我"对应属性研究的作用、"吾""我"如何实现韵律上的轻重对立的观点、第四章描写的互补分布现象等问题进行分析，说明"吾""我"出现的语音环境。

一、语音空拍位置前"吾""我"对立的韵素分析

汉学家葛瑞汉（Graham，1969）曾提出，如果重音假设成立（"吾"轻，"我"重），"吾""我"在语法位置上呈现的分布特征，必须得到解释。也就是说，语法结构与重音之间的关系是一个必须说明的问题。第四章我们指出了先秦汉语在语音空拍位置前对第一人称代词选择的规律，而长久以来备受争议的另一问题——第一人称"我"和宾语位置的密切关系也能通过韵律分析得到很好的解释。

大部分"宾语位置"排斥"吾"的确是先秦汉语存在的现象，这在许多学者的统计中得到了证实。（高本汉，1929；王力，1957；黄盛璋，1963；何乐士，1984）但传统的分析认为这属于宾语位置对第一人称代词的限制问题，导致分析中例外甚多。实际上，针对这种现象，只有根据语音条件限制进行分析和预测，才能解释宾语位置为何对第一人称代词"吾"有所限制。

首先，我们有必要指出传统分析中存在的矛盾。以形态的区别解释"我""吾"对立的研究很早就开始了，持这种观点的学者认为：上古汉语人称代词的对立是形态对立的反映。本文将这种

观点称为"形态对立说"。①

"形态对立说"发端于《马氏文通》。马建忠于 1898 年在他的书中阐述了先秦汉语中"吾"字的分布特点:"发语者'吾'字,按古籍中用于主次、偏次者其常,至外动后之宾次,惟弗辞之句则间用焉,以其先乎动字也。若介字后宾次,用者仅矣。"②

其后,以高本汉(Karlgren,1920、1949)和胡适的研究影响最大。胡适(1918)以为"吾""我"二字有文法的区别,古人用此二字的通则为:"吾字用于主次、偏次,不用于宾次,我字用于宾次、偏次,有时用于主次,以示故为区别或故为郑重之辞。"在高本汉的《原始中国语为变化语说》一文中,作者使用的是"case"这个概念,指称代词在不同的句法位置上的形式标记。在这篇文章中,高本汉系统地描述了《论语》《孟子》《左传》三部文献中的"吾""我"句法位置分布特征,并提出了自己的观点:③

> (甲)吾人在《论语》中所得之结论,兹已完全证明吾字盖为主格与从格专用之字,我字盖为足格专用之字;其他《论语》中吾字用作足格三例,别具理由,不能反证吾说也。

① 郑张尚芳(1987:85)称这种观点为"格变说",洪惟仁(2000)称为"格变化"。
② 各家学者使用 case 相关概念的中英文对应:
  主格、主次:nominative case。
  足格、目的格、宾次:accusative case。
  所有格、领格、从格、偏次:genitive case。
  间接受格:dative case。
③ 高本汉 *Le proto-chinois, langue flexionelle* 一文的内容,本文根据的是冯承钧的译文《原始中国语为变化语说》。

（乙）吾人关于足格侵占主格一如数种西方语之例之假定，兹亦证实。吾字既未侵入足格，而我字则较孔子之时愈深入主格范围之内。其在主格中，其数几与吾字相等；在从格中虽大见进展，然尚不及吾字为用之多，则吾字尚为此格适用之字也。

反驳形态对立说的学者大都指出，此种理论的最大难题在于无法解释的例外现象甚多，互补分布的情形也不分明。例如高名凯（1957）说：

即以统计的数目字来说，《论语》中的我字之用于目的格者虽然有 26 次，而用于主格者也有 16 次，例外不能这样多。《孟子》中的情形更不对。"我"之用于目的格者（53 次）反而不如"我"之用于主格者（68 次）多，而"吾"之用于主格者（76 次）和"我"之用于主格者相差不远。《左传》中，"我"之用为主格者（231次）和"我"之用为目的格者（257 次）相差极有限，而"我"之用于领格者（126 次）亦复不少。即以三部书共计论，在 600 主格中，"吾"字占 369，"我"也占有 231，在 475 个领格中，"吾"字占 349，"我"字也占有 126，只有在 261 的目的格中，"我"字占 257，而"吾"字只占 4，尚有可说。

高名凯的分析代表了学术界的普遍看法。[①] 值得注意的是，

---

① 持同样说法的，还有潘允中（1955）、祝中熹（1986）、洪诚（1962）、郑张尚芳（1987）等。

持这一观点的学者不是忽略了例外的现象，而是认为古今形态发生了变化。这就是我们在本书第三章提到的"侵占说"。[①] 上文所引高本汉的分析，就代表了"侵占说"的主要内容："吾字既未侵入足格，而我字则较孔子之时愈深入主格范围之内。其在主格中，其数几与吾字相等；在从格中虽大见进展然尚不及吾字为用之多，则吾字尚为此格适用之字也。"高本汉在 1949 年又重申了这种主张："在许多语言里，时常会有目的格的形式侵占了主格的形式的情形；……如此，我们仍可以明了，中国语在原始的时候，是有一个主格与所有格的'吾'，同时也有一个间接受格与目的格的'我'；不过，在孔子时代，这个体系便已经开始演变：'吾'仍然只限用于主格与所有格，而'我'则在它的原来的间接受格与目的格的功用之外，又开始侵占主格与所有格这两种格位。"[②]

以"侵占说"来解决"形态对立说"中的例外现象，在今天仍影响到很多对上古汉语人称代词的研究。如洪惟仁（2000）就认为：原始汉语人称代名词应该有格位的区别，这种区别在先秦以前的文献中已经表现出混同的现象，只是各地方言混同的程度不一，中原方言混同较厉害，周边方言保存较好，从时代来说，

---

① "侵占说"是本书的概括，源于高本汉原文中的 encroach 一词。

② 此处采用的是杜其容的译文：《中国语之性质及其历史》170 页。高本汉的原文为：Now it is usual in many languages that accusative forms oust nominative forms; ...So we see that Chinese originally had a nominative-genitive *wu*（"I"），（"my"）and a dative-accusative *wo*（"me"），but that already in the time of Confucius, the system had started to shift: *wu* was still limited to the nominative and genitive, but *wo* had started to encroach upon these two cases in addition to preserving its original function as dative and accusative.

越是后世的文献，混同的情形越厉害。魏培泉（2004：16）也提出："'吾''我'的区别无法体现，是因为互相扩张，造成混淆。"徐丹（2007）说："战国时代，第一人称代词的格位限制开始动摇，但从已有的材料看，第一人称代词格位限制仍然存在。"

我们看到，持"形态对立说"观点的学者观察到了"吾""我"的使用与句法位置存在密切的关系，并试图建立二者之间的联系，同时，他们也尝试用"侵占说"对分布中的例外现象进行解释。然而仔细考虑"形态对立说"的论证过程和主要结论，我们会发现此理论尚有值得商榷之处。

1. "形态对立说"中两个人称代词的形态标记与形态功能无法得到合理的解释。"吾""我"的对立如果是形态的反映，我们则无法确立该形态的语音标记。"吾""我"分属上古鱼部、歌部，两个韵部主要元音相同，韵尾有差异。[①] 如果二者依靠韵部标记形态，那么是否鱼部和歌部的所有字都用来标记这种形态？在语言系统中，这种可能性是非常小的。同时，这种形态究竟标记了什么语法功能，我们也不能确定。

2. "形态对立说"中的例外现象不可能是侵占、混用、渗入的结果。

其一，从现象的规律性考虑，如果一个人称代词在 A、B 位置混同，那么 A、B 位置不应有排他性，更不能出现互补分布。根据我们对先秦文献的统计，"我"在主语位置出现同样是有规律可循的，与"吾"存在互补分布。以判断句停顿前的主语为

---

① 详见表 6-1。

例，只有"我"能出现在这个位置上，而"吾"从不出现在这里。如果说"我"与"吾"在主语位置渐渐混用，这个位置不会仅能出现一种形式。同样的，根据我们此前的研究，先秦时期的"吾"只出现在非句末的宾语位置，亦是有规律的。

其二，从时间、数量的分布来考虑，如果"侵占说"是正确的，那么随着时间的推移，混入宾语位置的"吾"、混入主语位置的"我"的数量应越来越多，位置越来越不固定。然而在整个先秦时期，我们没有找到一例"吾"做动词之后的宾语的。这种分布的特点，直到汉代才有所改变。

如果"侵占说"成立，那么，一方面，形态消失和演变带来了混用和侵占，一方面，这种混用和侵占现象却又显示出极强的规律性。除非持"形态对立说"的学者还能证明这种新的分布特征也是形态所致，否则，这样的现象本身就使形态观点陷入了矛盾中。因此，"形态对立说"至今尚无充分的证据证明形态在区别"吾""我"两个代词上的作用。

如上所述，"形态对立说"无法解释"吾""我"的互补分布现象，而韵素分析又显示了在解释这类现象上的突出优势（亦即此现象为韵律轻重互补的自然结果），那么我们必须从韵律学的普遍原则出发，在具体分析中进行研究。首先，我们要讨论句末位置的韵律特点，这就涉及"核心重音原则"与"韵律隐形条件"对研究上古汉语第一人称代词"吾""我"的交替使用和分布情况有何影响，同时我们将指出底层形式和表层形式的确定对"吾""我"关系的定义具有关键的作用，说明人称代词是韵律上的隐形成分，但语音上的隐形并不是语音弱化的必要条件。

普通重音就是一个句子在没有特殊语境的情况下所表现出来的重音结构。Liberman（1977）建立的"核心重音指派规则"明确指出重音实现的具体范围就是最后一个短语结构。它的规则写作：

In a configuration [cA Bc]:（在语串 [cA Bc] 中：）

If C is a phrase category, B is strong.（如果"C"是一个短语，那么 B 重。）

相对的轻重属性，使得在凸显一个成分的时候，必定减弱与之相对的那个姊妹节点成分。所以也可以说，核心重音原则（NSR）是由"相对轻重原则"（RPP）推演出来的。

冯胜利（1997：69）指出了现代汉语普通重音的指派规则和运作（图 6-5）：

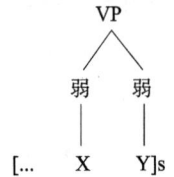

图 6-5　现代汉语普通重音的指派规则

X 跟 Y 必须是以动词为中心的最后一个短语结构中的两个成分。最重要的是："X 必须是该句的最后一个主要动词。"汉语最后一个韵律单位的确定："先找到最后的主要动词，再找到该动词的论元成分，然后由动词跟它支配的成分组成最后一个韵律范域；从左向右把普通重音指派到该范域的最后一个成分。"也就是说，重音必须落在最后一个韵律单位的最后一个成分上。

现代汉语的核心重音是基于"管辖关系"来实现的，即：
G-NSR (in Chinese):

Given two sister nodes C1 and C2, if C1 and C2 are selectionally ordered, the one lower in selectional ordering and containing an element governed by the selector is more prominent.[①]

管辖—核心重音规则：

给定两个句法节点 C1 与 C2，若 C1 和 C2 具有选择性词序关系，那么其中较低的、为选择者直接管辖的一个获得较重的重音。[②]

那么古代汉语的重音规则是什么呢？值得注意的是，冯胜利（2000b、2013a）不仅研究并指出了现代汉语核心重音的指派规律，同时以句法的古今演变为契机，敏锐地指出先秦汉语的核心重音指派与现代汉语截然不同。他根据"先秦汉语允许后置介宾成分"的现象，推知"现代汉语的普通重音只在词本结构上运作，而先秦汉语则是在词本结构跟附加结构的整体上运作"。而古今重音范域的不同表现在"先秦以句子中的最后一个 XP 为单位，而现代汉语则以句子中最后一个 VP 为单位"。同时，他分析说明了先秦汉语的韵律结构一定不是以动词来指派重音的，而应

---

① Feng, Shengli. Prosodically constrained postverbal PPs in Mandarin Chinese. *Linguistics* 41-6, 2003.

② G-NSR 原则的中文翻译来源于:《韵律构词与韵律句法之间的交互作用》，冯胜利著《汉语韵律语法研究》第 122 页。

该同英语的重音指派一样，以句子最后一个短语为重音范域。他的研究强调先秦汉语的核心重音采取了与现代汉语不同的指派方式。

如果先秦汉语的普通重音指派与英语相同，那么我们可以根据 Liberman 的"核心重音指派规则"将"先秦汉语重音指派规则"概括为图 6-6：

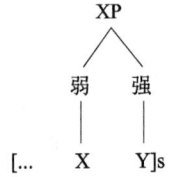

图 6-6　先秦汉语重音指派规则

"XP"表示先秦汉语任何一个句末的短语结构，是句子的最后一个韵律单位。"X"和"Y"表示该短语中的任何两个成分。"Y"强于"X"，全句的主要重音指派到"Y"上。

先秦汉语韵律上的这种要求，必然体现在对句子成分的限制上，而这种规则的要求与现代汉语必然不同。需要指出的是，针对第一人称代词的研究又具有韵律上的特殊性。事实上，韵律规则的运作中，有一个条件制约着代词在韵律形式上的表现，这就是"隐形条件"（invisible condition）：在韵律规则的运作中，指代性成分（anaphoric elements，如代词、语迹等）均隐而不现。

隐形条件意味着韵律系统中的指代性成分都不参与韵律的运作。由于隐形条件的限制，先秦汉语中的第一人称代词，不论是"吾"还是"我"，都应当以韵律隐形的身份出现。可以推断，在句子没有特殊焦点的情况下，它们应该出现的位置在核心重音的范围之外。也就是说，它们的语音特征表现为"从来就弱"，一般不携带重音。当然，虽然代词是韵律隐形成分，但是在特定条件下也有重音形式出现。

"隐形条件"规则对代词在韵律系统中的表现至关重要，但代词的这个特性在以往的研究常常被忽视。之前的"语音轻重说""焦点对立说"指出"我""吾"一重一轻，似乎将"我"限定在一个始终都重的位置上，却没有考虑代词的韵律隐形属性。那么，当充分考虑"隐形条件"在韵律系统发挥的作用后，如何能将两个弱读形式区分开来，找到二者的对立，就成了我们亟待解决的问题。我们不否认"吾""我"的韵律形式是一轻一重，然而两者表现出来的特征却不能说明第一人称代词"我"永远都重，因此，我们有必要对此做出进一步的说明。

就先秦汉语"吾""我"语音对立的关系来说，我们必须设定底层形式和表层形式，才能进一步探讨音系规则下如何生成正确的表层形式，从而揭示两者对应关系的本质。我们知道，在英语中，很多人称代词都有轻重两个形式。（Selkirk，1972：22）而关于轻重形式哪个适合作为语音的底层形式，Selkirk（1984：257）认为历史上重形式通常是从轻形式派生的，所以轻形式可能是底层形式。共时的调查能够证实这个假设。Gimson（1980）也认为轻形式是比较普遍的底层形式，而重形式作为底层形式不太常见。Selkirk又指出，将功能词界定为韵律上的重形式比较复杂，而界定为底层的轻形式比较好。因为她认为，没有必要说功能词在底层是重读的，然后经过重音清除（destressing）丢掉重音，再经过重音重新指派，变得可以携带重音。如果我们采用 Selkirk 和 Gimson 的分析，假设先秦汉语中"吾"是第一人称代词的底层形式（underlying form），"我"是表层形式，"吾"轻"我"重，为何语言在一些非重读位置却选择重形式"我"，而不选择轻形式"吾"呢？这恐怕给单纯地以"轻"和"重"来区分第一人称代词"吾"和"我"及界定"吾"是"我"的底层形式的立论带来了困难。因此，解决矛盾唯一的办法就是转变"吾""我"为同一语音层面上"一轻一重"两个独立形式的观点，看到二者之间的语音变体关系。也就是说，"吾"并不是底层形式，"我"才是第一人称代词的底层形式，而"吾"是"我"的变异形式，是"我"经过语音变化后的表层形式。简言之，我们认为事实的真相不是"'我'是'吾'的重音形式"（"吾"是底层形式），而是"'吾'是'我'的轻读形式"（"我"是底层形式）。

根据以上分析，我们从"吾""我"出现的语音、韵律条件入手，提出：

"我"是先秦汉语第一人称代词的标准形式（default form），"吾"是在特定语音环境要求下出现的弱化形式（reduced form）。"吾""我"实为同一词的两个不同形式。这一结论有很强的预测性和规定性：只有当句中位置具备语音弱化条件时，才能使用弱化形式"吾"，其他位置（一般读音和重读时）使用标准形式"我"。

这个判断有先秦汉语的语言事实为证据，也可以说是从"吾""我"分布所反映出的语音类别及其属性推断而来的。我们认为，若想彻底解决"吾""我"语音关系带来的难题，应当将

"我"处理为语音上的"标准形式",而绝不能像传统那样只将其看作区别于"吾"的"重读形式"。将"重和轻"分析转变为"标准和轻"分析的优势在于我们重新建立了"吾""我"的语音对应关系,而这种全新的对应关系在解决"吾""我"分布规律诸多方面的问题上有明显的优越性。我们说,从"重和轻"到"标准和轻"的分析,是实质性的改变。这样的分析不仅符合语言底层形式为轻的普遍规律,同时也能很好地说明第四章我们指出的"吾"无法承担句子焦点重音的现象。因为"吾"不能出现在没有弱化条件的位置,而除了语音条件限制之外的位置,不论是无须弱化的非重音位置,还是焦点对比重音位置,均会使用"我"。

在这里,我们有必要区分,语音弱化与隐形条件之间的差别。隐形和弱化是分属不同范畴的概念。隐形条件说明代词不参与韵律计算,但并不意味着语音的弱化。弱化是语音与句法条件交互作用下的变化过程,而隐形条件则是韵律指派的一种操作。具体而言,"我"的韵律表现可以归纳为以下三种:

1. 焦点位置:尔为尔,我为我。
2. 句末位置:吾丧我。
3. 其他位置:知我者其《春秋》乎?

根据以上韵律理论分析,我们明确了第一人称代词在句末位置的韵律特征是非重 [-s],重要的是,指出了句末重音位置的确立对研究"吾""我"分布上的重要意义。基于第四章的统计,我们发现在先秦汉语中"我"出现在句末短语最后一个成分上,共287 次,而"吾"出现在这个位置仅 2 次。"吾""我"在句末位置呈现出了互补分布的现象。传统观点认为宾语对"吾"有所限制的现象，实际反映的是句末延长位置排斥韵律轻形式"吾"的现象。准确地说，先秦汉语中"'吾'一般不用于宾语"的现象是因为句末延长不允许弱化形式出现。但如果宾语位置并不位于句末，"吾"就可以用在宾语位置了。经过本书的统计，我们进一步证实了先秦汉语中用于宾语位置的"吾"均不是句末宾语位置。它在宾语位置的出现情况有如下几种：

1. 介词宾语位置：

（1）是其生也，与吾同物。命之曰同。（《左传·桓公六年》）

（2）夫子尝与吾言于楚，必是故也。（《左传·成公十六年》）

（3）若楚人与吾同恶，以德于我，吾固事之也，不敢贰矣。

（《左传·成公十八年》）

（4）吾父逐鞅也，不怒而以宠报之，又与吾同官而专之。

（《左传·襄公二十一年》）

（5）不使齐侯得与吾为礼也。（《穀梁传·庄公元年》）

2. 否定句中的前置宾语位置：①

（6）吾问焉而不吾告，敢问何谓也？（《庄子·达生》）

（7）何不吾谏？（《左传·哀公十一年》）

（8）今以不穀之不肖，而群臣莫吾逮，吾国几于亡乎！

（《荀子·尧问》）

（9）丘虽不吾誉，吾独不自知邪？（《庄子·盗跖》）

---

① "吾""我"均可在否定句中做前置宾语。由于否定句前置宾语的位置属于韵律上可轻可重的成分，因此不能得出必然的结论，本书以之为鉴定材料。

（10）我胜若，若不吾胜，我果是也，而果非也邪？

（《庄子·齐物论》）

（11）还虾蟹与科斗，莫吾能若也。（《庄子·秋水》）

3. 嵌套小句动词后宾语位置：

（12）赂吾以天下，吾滋不从也。（《左传·昭公二十六年》）

（13）吾服女也甚忘，女服吾也亦甚忘。（《庄子·田子方》）

4. 双宾语位置：

（14）子命起舍夫玉，是赐我玉而免吾死也，敢不藉手以拜！（《左传·昭公十六年》）

5. 兼语位置：

（15）彼贵我名声，美我德行，欲为我民，故辟门除涂，以迎吾入，因其民，袭其处，而百姓皆安，立法施令莫不顺比。（《荀子·议兵》）

由此可见，"吾"只是不在句末充当宾语，在句中位置是可以做宾语的。"吾"为何不能出现在句末呢？看下面的两个句子：

（16）十年春，齐师伐我。

（17）*十年春，齐师伐吾。

"吾"在（17）中不合法，这与语音系统对句末位置的语音要求紧密相关。由于句末延长（final lengthening）的语音条件，句末位置不具备生成弱化形式的语音环境。这是由先秦汉语单双韵素的对立决定的。就古汉语而言，句末位置的韵律对立就表现为"吾""我"在该位置上使用的限制。

值得注意的是，先秦汉语位于句末的"我"（或者说句中的"我"）有时不重，请看下面的例子：

（18）吾已！无为为善矣。唯夫子知我。

（《左传·昭公十三年》）

（19）吾惛，不能进于是矣。愿夫子辅吾志，明以教我。我虽不敏，请尝试之。（《孟子·梁惠王上》）

（20）师少于我，斗士倍我。（《左传·僖公十五年》）

以上三个句子中具有对比焦点重音实现句子重音的现象，而句子实现的焦点成分并不是第一人称代词。（18）"唯夫子知我"一句，排他性对比焦点"唯"之后，是名词"夫子"，根据焦点—重音对应规则，"夫子"携带重音，是句子要强调的成分，而动词后的第一人称代词"我"必然是轻读。（19）"愿夫子辅吾志，明以教我"将要强调的介词宾语"明"前移，"明"作为句子焦点重音要重读，同样的，动词后的"我"必然轻读。（20）"师少于我，斗士倍我"一句，句义是"军队比我们少，而斗士却是我们的两倍"，句子的重音最有可能指派在两个分句的动词之上，而不是第一人称代词，因为句义并没有对第一人称进行强调。

根据隐形条件，当代词不是句子的强调成分，不承担对比焦点重音时，动词后的代词均轻读。如果语言系统中有一轻一重的两个第一人称代词，结论必然是轻读的形式出现在动词后面，而重读的形式不能出现在动词之后。但以上例子证明，上古汉语的现象与这种推断正好相反，动词后的第一人称代词均用"我"，

用"吾"反而不合法。这就说明"吾""我"并非是一轻一重两个
形式。所以我们认为，"吾"的使用是被语音条件限制的，"我"
则是一般位置出现的语音形式。

　　同样的，先秦第一人称代词"吾""我"的分布与停顿（包
括有声停顿与无声停顿）之间也具有密切的联系。先秦判断句主
语位置处于一个非常明显的无声停顿之前，这一语音特征 Feng
（1993）已有证明。先秦汉语显示，只有人称代词"我"可以出
现在停顿前的主语位置上。"吾"绝不会出现在这个位置上，也
就是：

　　（21）我，大夫也。

　　（22）*吾，大夫也。

　　以上判断句的停顿格式可以表示为：X#Y 也。语音停顿要求
紧邻它之前的成分 X 是一个音步，因此当 X 位置是第一人称代词
时，不会出现轻形式"吾"。为了实现语音停顿前的重音，语言
系统会采用很多不同的手段来加重音节的重量，具体到先秦汉语
第一人称代词的选择而言，对韵素数量敏感（quantity-sensitive）
的韵律系统在停顿前位置只会选择一个重音节——第一人称代词
的标准形式，即韵素数量多的音节"我"，绝不会采用"我"的
弱化形式"吾"。因为这个位置不具备语音弱化的条件，这是
韵律系统对韵素数量敏感（quantity-sensitive）类型语言的要
求。即：

　　ŋal（ŋaal）#　　　（"我"）

　　*ŋa（ŋaa）#　　　（"吾"）

有趣的是，这个在韵律上需承担重音的判断句主语位置，虽不接受弱化形式"吾"，却可以容纳与"吾"语音相似的阴声韵"鱼"。我们再进一步分析之前提到的例子：

（23）鱼，我所欲也，熊掌，亦我所欲也，二者不可得兼，舍鱼而取熊掌者也。（《孟子·告子上》）

"鱼"和"熊掌"不仅是判断句的主语，位于无声停顿之前，并且处于对比焦点重音位置，无疑应该采用重音节。参考鱼字拟音，除李方桂先生给它构拟了一个辅音韵尾外，各家学者均认为"鱼"字应为单韵素音节，见表6-4：

表6-4　"鱼"的六家上古拟音

	高本汉	王力	白一平	郑张尚芳	潘悟云	李方桂
鱼（鱼部）	ŋi̯o	ŋia	ŋja	ŋa	ŋa	ŋjag

对音材料也显示，书面藏文和书面缅文的"鱼"的语音形式分别为：[nya] 和 [ŋa]。（Gong，1980）

根据古韵分部及汉藏比较的证据，我们能够知道，"吾""鱼"的语音是十分接近的。既然在韵素音步的语言中，单元音音节无法自成音步，轻音节无法承担重音，那么为何同是轻音节，却有一个形式不能出现在判断句主语的位置上，而另外一个又可以呢？这个现象是否削弱了韵素理论对停顿位置前第一人称代词选择特点的解释力呢？其实不然。

一般来说，韵素音步的实现方式有两种，其一，音节本身有两个以上韵素，音节无需任何变化就可以自成音步；其二，音节本身是单韵素，这时为凑足一个音步，就要延长音节中的元音。

Duanmu（1996）通过语音实验的数据指出现代汉语的音渡前（pre-juncture）一定有语音停顿。Duanmu（2000：76-90）进一步指出："音节结构会受到停顿边界前的语流和延长的影响；而停顿前的音节要比那些非末尾位置的音节要长。"根据曹剑芬（2005）对汉语口语的实验研究，汉语存在三种不同类型的音段延长。她指出，韵律域末尾延长作为三种音段延长中最突出最普遍的一种，其功能是切分韵律短语，"通常跟无声停顿相互配合，共同为话语韵律结构的直觉提供客观根据"。这类音段延长是以延长音节的韵母为手段实现的。可见，韵律短语末尾的音段延长在声学实验中已经得到了充分的证实。

　　既然韵律系统要求判断句主语位置上必须是一个实足的音步，那么当单韵素的音节占据这个位置时，就要采取韵素音步的第二种实现方式：延长单韵素音节的元音，将其变为双韵素音节。韵律理论和实验语音学的证据都表明，判断句主语位置上的"鱼"的韵母不是单元音 [a]，而是双元音 [aa]，即经过了图 6-7 的语音变化：

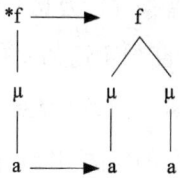

图 6-7 "鱼"在判断句主语位置的韵律变化

　　因此，表面上看，"鱼"和第一人称代词的弱化形式"吾"具有相近的语音形式，但判断句主语位置上的"鱼"却不是单韵素 [a]，而是一个延长了元音的双韵素 [aa]。与"吾"是截然有别的，但汉字掩盖了语音发生的变化。

我们认为，上古汉语的任何单音节名词都可以进入判断句主语的位置，但单音节名词必须是一个实足的音步。对只有单一韵律形式的词汇来说，如"鱼"，如果这个词是一个单韵素音节，会通过音段延长（lengthening）设法凑足一个音步。如果该词本身就能自成音步，如"我"，就无须发生任何音变以满足该位置所需的韵律条件。换言之，下面的运作不会发生：

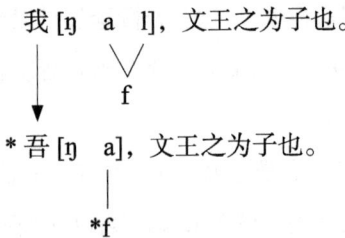

我 [ŋ　a　l]，文王之为子也。

↓　　　∨
　　　f

*吾 [ŋ　a]，文王之为子也。

　　│
　*f

音段延长是满足一个实足音步的手段，而元音脱落是减轻音节重量的手段，停顿前位置只会选择前者而不会采用后者。在这种情况下，X 位置不能提供弱化的语音条件。所以，"我"在判断句主语位置并没有弱化的语音条件，因此不会出现弱化的形式"吾"。就上古汉语而言，对判断句主语的实现是由一个实足音步与无声停顿共同完成的。无声停顿必须依赖一个能够自成音步的音段成分才能实现判断句主语的句法功能。而第一人称代词的标准形式"我"音节内部的多韵素可以构成一个音步，是重音节（heavy syllable），能够满足停顿前位置的韵律条件。同时，"鱼"可做判断句主语而"吾"被严格限制（即不可能出现）的现象，支持了"我"作为第一人称代词原型的假设，因为如果第一人称的标准形式（default form）是 [ŋal]，语音系统直接采用它即可满足实足音步，没有必要先将韵母中的 [l] 删除，再延长余下的元音 [a]。因此，"鱼"做判断句主语的现象不仅不能推翻我们的重音假设，而且是对韵素理论的一个有力的证明。

二、焦点重音位置"吾""我"对立的韵素分析

上一节我们提出，在核心重音的作用下，代词不参与韵律的运作。我们可以称代词为韵律上的变量，但这并不意味着代词在句中只有轻读的形式。当句子的特殊焦点位置落在代词上的时候，它也可以重读。

根据 Zubizarreta（1998：38）焦点—重音对应原则（Focus Prosody Correspondence Principle），一个短语的焦点成分必须包含韵律最凸显的词。因此，不受到对比焦点赋值的成分，在韵律上就得不到凸显；而带有对比焦点的成分，在句中则要承担重音。[①] 由此，我们推断，既然句中的对比焦点成分要求重音的指派，那么这个成分在语音上一定不能弱化。

前文我们已经讨论了，"我""吾"的语音关系应该描述为"标准"和"弱化"，而从第四章第二节中列举的语言现象，我们看到，先秦汉语的对比焦点只用"我"。如果说"我""吾"的对立关系是由韵素数量的多少实现的，那么对比焦点上使用"我"也同样是由韵素数量实现的吗？根据"焦点—重音对应原则"，底层形式弱读的"我"应输出为重读的"我"，"我"在句子对比焦点位置携带重音。我们看到，文献中显示的证据表明，底层轻读

---

① 见 Zubizarreta（1998: 38）: The F-marked constituent of a phrase must contain the rhythmically most prominent word in that phrase.

形式与表层重读形式都以文字符号"我"表示，这代表底层形式
经过语音运作并未在表层产生新的音节，那么这说明表层形式的
第一人称"我"的韵素数量很可能并未增加。

在这一节，我们有必要重申重音实现的方式和声学实验的相
关成果。因为在一个语言系统中，实现重音的方式不止一种。冯
胜利（2005a）提出："尽管重音实现的时候有高有长，但并不意味
着所有的重音都用一种方式来实现。"我们已指出，先秦汉语第一
人称代词是无法通过声学实验的方式来检验其音高、时长的，只
能通过语言现象分布所反映出的语音类别及其属性，证明其韵律
结构的特点。"吾""我"在先秦汉语中呈现的互补分布规律是由二
者的韵素差异实现的，此发现就是基于这种研究方法得出的。但
同时，我们不能否认"吾""我"的区别还表现在其他的声学特征
上，尤其是在说明局部焦点重音如何实现的运作方面。

我们举现代汉语的证据来说明，比如下面两个句子：

（24）我喜欢语言学。

（25）[我]_IF 喜欢语言学。

第一句的核心重音落在"语言学"上；第二句为强调第一人
称，让局部重音落在"我"上。从字面上看两个语音形式似乎
没有分别，但在实际语言中，两个"我"读音的声学特征却不
尽相同。

冯胜利（2005a）指出，用力（音强）、拉长（时长）、高声
（音高）都是实现重音的方法。他引用赵元任（2000）说明重音
主要由三个要素实现：

1. 调域：重音音节调域较大，高的更高，低的更低。

2. 时长：重音节时长较长。

3. 相对：重音后音节调域压缩。

我们发现，赵元任在 1968 年还特别提出现代汉语为"强调对比"而采取的语音手段是："音高幅度较宽，时间较长，常常音响也连带加强。"（2000：20）语音实验同样提供了声学方面的证据。刘慧樱（1989）通过语音实验分析过台湾"国语""对比重音"的声学性质。分析结果显示，"对比重音"最主要的声学表现，是提高声调的基频峰点（F0 peak）高度与扩大声调的基频变异范围（range of F0 variation）。林茂灿（2011）也指出：现代汉语焦点重音和语气作用于声调和词语的音高（中性语调）上，在韵律结构的制约下，形成有规律的音高（及时长）变化。有许多声学研究均指出，现代汉语的对比焦点重音通过非线性手段实现。根据以上研究，现代汉语的重音不仅可以通过线性的音节数量体现对立（单双音节的对立），也可以通过非线性的语音特征实现。尤其是对比重音，该位置多表现出基本语音特征的加强或延长。

我们设想，在先秦汉语的对比重音位置，"我"作为可以独立构成音步的重音节，底层形式经过语音运作输出为表层形式，即有如下运作（s=strong；w=weak）：

$$\text{"我"}_{+F} \quad \text{ŋal}_s \quad \text{表层形式} \quad \text{surface form}$$

$$\uparrow$$

$$\text{"我"}_{-F} \quad \text{ŋal}_w \quad \text{底层形式} \quad \text{underlying form}$$

虽然在文献中，对比焦点重音与非对比焦点重音位置都写作"我"，但根据"焦点—重音对应原则"，表层形式与底层形式的语音特征必然不同，而表层形式携带对比重音一定在声学特征上有所反映。因此，我们在这里提出，先秦汉语第一人称代词"我"实现为对比焦点重音的过程实际上是通过非线性的语音手段完成的，因为它的基本形式与对比重音形式在线性语音特征上是相同的。目前，先秦汉语中实现超音段特征的证据还有待进一步考察，但超音段实现对比焦点重音的推测是符合语音事实反映出的规律的。

在观察中我们发现，先秦汉语中的对比焦点重音位置进一步证实了前文的假设：除了语音弱化条件下会出现第一人称代词"吾"，其他的位置均使用第一人称代词的标准形式"我"，包括对比焦点重音位置。

通过第四章第二节列举的语言现象，我们看到，类似"彼……我……"的格式，其对举焦点位置并不允许"吾"的出现。而由焦点标记的对比焦点位置，如"则"前，"唯""独""于"之后，也无一例外地选择"我"。同时，句法运作下的前移焦点，也从未出现过"吾"的形式。这些现象均说明，对比焦点重音位置是第一人称代词"我"的时候才合法。也就是，对比焦点对第一人称代词的韵律要求是重读形式，而非弱读形式，即第一人称代词标准形式"我"并没有在对比焦点位置弱化的必要。

我们以图 6-8 来表示这一语音规则下生成表层形式的运作：

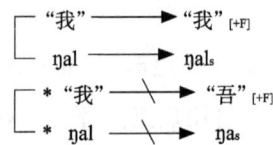

图 6-8 "我"在焦点位置生成合法形式的运作

总结而言，汉语的焦点作用必须与韵律上的条件相配合，因此，观察先秦时期"吾""我"在焦点重音位置的分布，能够成为探讨该时代焦点重音实现方式的重要手段。分析焦点重音的实现方式，能够更为清晰地看到第一人称代词的两种形式产生的韵律效应，为重新定义两者之间的关系提供了坚实的依据，说明韵律在研究"吾""我"对立中具有十分关键的意义。

第三节　上古汉语"吾""我"对应属性的重新审视

在本章第一、二节中，我们已明确提出如将"吾""我"的关系重新定义，能更好地解释两者在语言中的分布规律及演变。本节我们将审视古汉语中"吾""我"的对应属性，说明新的假设对阐释"吾""我"的生成关系的关键意义，并且将探讨深入到"吾""我"的语音演变方向中来，进一步证实"吾""我"差异的实质是语音的弱化。

我们在前文已经指出"轻重对立说""焦点对立说"及"形态对立说"无法解决的问题，而韵素分析的优势在于不仅能预测大量之前研究无法发现的问题，并且能够揭示产生两者差异的运作原理和机制。通过分析，既然"吾""我"差异的实质是韵律问题，那么这种现象究竟是语音强化的结果，还是弱化的产物？这必然涉及语音演变的方向和语音机制。如果我们不能说明这个问题，就解释不了宾语位置上为何少有"吾"出现的原因。相应地，我们也无法从语音机制上解释上文谈到过的，现代汉语北京话中"人家"存在省略为"人"的现象。这种省略形式可以出现在主语、宾语和定语的位置上，但绝不能出现在句末。

　　先来看看之前的学者是如何处理"吾""我"对应这个问题的。目前，认为"我"是"吾"的语音强化形式是学术界的主流意见。金守拙（1956）认为"吾、我实为同一字之重读与非重读之别"。李开（1984）说："不论'我'居于何种格位（居主格尤其如此），'我'都有强调语义、加重语气的作用，一般都应重读，而'吾'在同样情形下则为一般表达，无强调意义。"李永燧（1983）说："如果我们大体上接受上古汉语人称代词有形态变化的观点，那么，可以认为"吾"和"我"是不同的变体，并与藏缅语第一人称代词也都有渊源关系，而'吾'字似乎可以看作它们的主要形式，因为它的声韵母与藏缅语都有明显的对应，作为它的变体的'我'则只有声母对应。"郑张尚芳（1987）认为"我"是"吾"的强调形式："实际上，凡是处置、对比、对公众讲话等需要强调的场合，都用 ai 式，一般场合多用 a，也可用 ai，所以 ai 是 a 的强调式。"潘悟云（2001）说上古汉语的代词同样有强调式，而且也是采用音段标记，强调式的标记是后缀 [-l]：吾 [ŋa] 我 [ŋal]。黄树先（2007）也说"我"是"吾"的强调式，因为"增加韵尾，是要引起别人的注意，当然有强调的意味"。

　　以上这些观点均认为：在上古汉语中，"吾"[ŋa] 是第一人称代词的基本语音形式，而"我"[ŋal]/[ŋad] 是由此基式添加韵尾形成的强调形式。但若"吾""我"的语音演变果真如此，我们将无法解释为何"吾"在历史上是一个后起的形式，因为在西周金文中有"我"字，但看不到一例"吾"。基式不存在，哪来的派生形式？我们的理论则没有这个矛盾，传世古典文献及出土材料均显示，相较于第一人称"我"来说，"吾"是一个晚出的形式。甲骨文中已有"我"字，而最早出现的"吾"，并不早于东周时代。因此，"吾""我"的对立在战国时代才开始。

同时，我们也无法解释为何在"吾"出现以前，第一人称代词"我"只标志语义的强调。如果"我"是"吾"的强调形式，那么为什么上古汉语句末只出现第一人称代词的强调式"我"呢？是否句末的第一人称代词都要重读？"我"是"吾"的强调形式的观点，无法解释这两个人称代词的生成关系。

我们注意到，有少数的观点强调"我"才是第一人称代词的源头。如祝中熹（1986）说："第一人称代词的最初是一元的，它的始元就是我字。由于假借，形成了字形的多元；由于声转，形成了字音的多元。"他的观点可以进一步解释为："吾"是由"我"的声转（语音变化）得到的形式。俞敏（1999c）的观点也与"'我'为强调式"的说法有所不同。他说：

> 我看周朝人刚一入中原的时候儿，他们的话里实在就光有一个ŋad，到春秋时候儿为止，并没两样儿。……凡在语丛尾巴上的，或者有对比的，一定念得重，所以是ŋad。凡后头还有别的字的，因为往往念得轻，所以写的时候儿把收尾音忽略了，就是ŋa。

值得注意的是，俞先生虽也认为"我"是强调式，但他同时指出，"我"应该是一个语音的基本形式，而"吾"是以"我"为基础产生的语音形式。最近的研究也提出了一些新的观点。朱红（2010）认为第一人称代词"吾"由"我"分化而来。语义焦点的表达促发了轻重音的分化。也就是说,"我"与"吾"的对立,是"焦点重音形式"与"非焦点重音形式"的对立。

以上分析虽能够暂时解决汉语史上"吾"后出的问题,但随之而来的,上古汉语句末从未出现"吾"的现象仍不能得到较为圆满的解释。因为根据我们的考察,句末的"我"并不都需要重读,而这个问题是一直以来备受关注并关乎"吾""我"问题性质的重要问题,必须给予理论上的说明。

我们看到,以上两种解释,前者认为"我"是强调式,后者认为"吾"是弱化式,两种观点试图为"吾""我"建立的均是强与弱的关系。由此,两种观点也得出进一步的结论:凡是语义焦点、重读的位置均不能出现"吾"。按照这种结论再推断下去,我们还可以得到这样的论断:不是语义焦点、不是重读的位置就必然用"吾"。但这些论断并不符合语言的事实。其一,因为代词是韵律隐形成分,在一般情况下并不负载重音。如果"我"是语义焦点、重读形式,为什么代词的标准形式会重读呢?其二,如果"吾"是语音弱化形式,那么在一些非重音位置,为什么会出现"我"呢?

要解决这个问题,我们先来看前文提到的北京话"人家"可以省略为"人"的现象。陈满华(2007)根据调查指出,出现在句末的"人家"若省略为人,可接受度是非常低的。他发现"人家"可省略为"人"的可接受度与"人家"的句法位置有密切关系。比较下面两个句子的可接受度:

(26)小芳明明帮了你,可你还埋怨人家。

（27）＊小芳明明帮了你，可你还埋怨人。

以上两个句子的核心重音落在动词"埋怨"上，代词"人家"不携带重音，要轻读。也就是说，在现代北京话中，句末的弱读位置也不能出现"人"。为何轻读位置还会对代词有严格的限制？如何分析以上例句中"人"不能用在句末的现象？陈满华推测："'人家'的省略可能是一种特殊的语流音变（整个音节脱落）现象，这种现象的出现与紧接在后面的词（音节）有关，即需要后面的音节依托，所以当'人家'后面在没有任何成分出现时，就不宜省略了。"陈满华的分析事实上揭示出现代汉语韵律系统对句末代词使用形式的影响。

Duanmu（1996）通过语音实验比较了中英文实现音渡前（pre-juncture）语音延长的区别，指出：一、中英文均有音渡前停顿；二、英文显示了更强的音渡前延长；三、音渡前音节后的停顿在英文中可有可无，但对中文来说是必须的。他的语音实验和音系分析证明，尽管现代汉语的界前延长不如英文中那么显著，但不论是英语还是现代汉语，音渡前音节必须是一个实足音步。

以上研究证实，现代汉语句末位置对韵律形式有严格的要求，并不提供语音弱化的条件。我们知道，现代汉语的音步由双音节组成，单音节不足以构成一个音步。（冯胜利，1998）因此，当句末位置是一个双音节代词的时候，语言系统必然不会要求该双音节代词弱化为单音节。这是由现代汉语单双音节构成韵律对立的特征决定的。

就北京话"人家"与"人"两种形式的对立而言，我们同时也可采用两种不同的语音分析法。a."人家"是"人"的语音强化形式。b."人"是"人家"的语音弱化形式。那么两种语音分析法在句末位置生成"人家"的公式应该表示为（#代表停顿）：

a. $\sigma \longrightarrow \sigma\sigma / \_\_ \#$

b. $\sigma\sigma \longrightarrow \sigma\sigma / \_\_ \#$

选择 a、b 分析方法的关键在于，哪种方法更符合语音变化的机制和规则。很显然，a 的运作是不合法的。因为如果按照 a，单音节"人"为底层形式（underlying form），句末位置根本不能提供语音强化的条件，语言系统无法在表层（surface form）生成双音节的"人家"，即 a 的运作无法实现。再看公式 b，双音节"人家"为底层语音形式，它在韵律系统中能够实现为一个音步，因此在句末位置保持不变，表层形式仍为双音节。因此，我们说，只有公式 b 符合语音变化的条件，能产生与语言事实相符的结果。所以，"人"应是"人家"的语音弱化形式。由于句末延长（final lengthening）的语音条件，句末位置要求双音节的形式，排斥单音节的弱化形式。这是由现代汉语单双音节的对立决定的。

就上古汉语而言，句末位置的韵律对立就表现为"吾""我"在该位置上使用的限制。既然"重读位置不能出现'吾'"的论断无法概括语音演变的事实，那么我们有必要提出一个新的假设来解决问题，即"轻读位置才能出现'吾'"。提出这一假设的目的在于借此重新审视上古汉语第一人称代词"吾""我"的对应关系。

根据前文列举的一系列证据，我们认为重新审视上古汉语中"吾""我"的对应属性是有重要意义的。我们已在本章第二节提出：上古汉语的"吾""我"实为一个词的两个不同形式，而不是两个独立的第一人称代词。"我"是第一人称代词的标准形式（default form），"吾"是在特定语音环境要求下出现的弱化形式（reduced form）。当句中位置具备语音弱化条件时，才使用弱化形式"吾"，其他位置使用标准形式"我"。

这种对"吾""我"对应属性的重新定义，是基于上古汉语的语言事实来确定的。相对于其他第一人称代词来说，"吾"不自由的韵律属性十分明显。如果认为"吾"是一个独立的相对于重读形式"我"的轻读形式，是无法用语音条件及韵律规律说明上古汉语中"吾"表现出来的特征的。"吾"在韵律上不是一个绝对自由的形式，被韵律条件限制，具体表现在以下几个方面：

1. "吾"不允许出现在句末位置；

2. "吾"不能出现在语气词之前的位置；

3. "吾"不能出现在判断句主题的位置上；

4. 在焦点重音的位置它从不单独出现，往往与其他单音节名词搭配作为双音节或多音节词组出现才合法。有时必须通过韵律组合才能独立使用。

此外，我们提出"'吾'不是一个独立的语音形式"的观点，是在与其他人称代词的韵律属性进行比较中提出的。根据我们的观察，上古汉语对"吾"的韵律限制非常严格，但与它同时的第一人称代词"予"却在韵律上显得更为自由。先秦汉语的"予"是鱼部三等字，与"吾"同属鱼部，请看表6-5中"予"的上古拟音：

表6-5 "予"的上古拟音

	高本汉	王力	董同龢	周法高	郑张尚芳	潘悟云	李方桂
予	di̯o	ʎĭa	djag	riaɣ	la	la	ragx

"吾""予"韵母相近，但"予"却在韵律上表现得更为自由，例如，第一人称代词"予"是可以出现在句末的：

（28）王如改诸，则必反予。（《孟子·公孙丑下》）

（29）予自宰路之渊，予为清江使河伯之所，渔者余且得予。

（《庄子·外物》）

（30）颜渊死，子曰："噫！天丧予。"子路死，子曰："噫！天祝予。"（《公羊传·哀公十四年》）

（31）吴人入楚，昭王出奔，济于成臼，见蓝尹亹载其孥。王曰："载予。"（《国语·楚语》）

不仅如此，"予"也可以用作判断句的主题：

（32）予，天民之先觉者也；予将以斯道觉斯民也。

（《孟子·万章上》）

（33）予，蜩甲也，蛇蜕也，似之而非也。（《庄子·寓言》）

"予"还可以作为句子的对比焦点：

（34）舜何人也？予何人也？有为者亦若是。

（《孟子·滕文公上》）

（35）舜曰："维予从欲而治。"（《荀子·大略》）

何以同属鱼部的"予"在韵律上相对独立，而"吾"却不行呢？何以句末在句子要求实足音步的条件下（不一定重）允许其他单韵素形式出现却不允许"吾"出现呢？除非"吾"是一个在特定的语音条件下才产生的语音变体形式，否则我们无法解释这一系列现象。

因此，我们认为，"吾""我"的对应属性应当定义为"弱化形式"与"标准形式"的对立，而不是"弱化形式"与"强化形式"的区别，即：

"我"标准形式（default form）

"吾"弱化形式（reduced form）

我们注意到，藏文的第一人称代词是 [ŋa]。这是否说明第一人称的标准形式存在[ŋa]的可能呢？根据本书的理论，可以设想，藏语 [ŋa] 的形式有以下两种演变可能：

A. 代词对立 ——→ 代词无对立

B. 代词无对立 ——→ 代词无对立

上古汉语第一人称代词的历时演变符合A所显示的发展轨迹，即语言系统中存在两个对立的形式 [ŋal] 和 [ŋa]，后来只保留了一种。上古汉语的情况就是 A 类的变化：从汉代开始，由于韵律系统类型发生了类型性转变，韵素的对立消失，两个形式开始混同，最后语言系统只选择使用一个形式。据此，无论藏文的 [ŋa] 是 A 类发展轨迹的结果，还是 B 类发展的结果，均和本文第一人称代词标准形式的假设没有冲突。因为，藏文的 [ŋa] 要么是第一人称代词标准形式 [ŋal] 的简化结果，要么就一直是 [ŋa]，没有两种形式的对立，即没有标准和非标准的对立。

我们再回顾下少数民族语言中的韵律对立现象。独龙语中，人称代词在施动句中做主语，为强调其是施动者，强调式会比一般式多一个韵素，见表6-6：

表 6-6　独龙语人称代词基础形式与强调施动形式 [①]

	人称代词（2个韵素）	强调施动（3个韵素）
第一人称	ŋaa	ŋaii
第二人称	naa	naii
第三人称	aŋ	aaŋ

　　郑张尚芳和潘悟云都曾强调，独龙语的材料为我们探讨上古汉语第一人称代词"吾""我"的关系提供了宝贵的线索。我们看到，在独龙语中，用于强调义的形式相对于标准形式来说，多出一个韵素。也就是说，人称代词的标准形式为两个韵素，而强调形式为三个韵素。独龙语的人称代词是典型的采用"韵素对立"，而不是依靠"音节对立"区别韵律形式的语言。

　　接下来，我们再讨论"吾""我"演变的方向问题。王力（1982：135）曾提出"吾"和"我"是同源词，两者属于鱼歌通转。潘允中（1982）也认为"吾""我"是靠鼻音声母联系的两个同源词。张玉金（2008）亦认同"吾""我"的同源关系。"吾""我"这两个第一人称代词是否存在同源关系呢？根据本书对两者之间关系和语音变化过程的研究，我们认为，答案是否定的。我们知道，同源词的产生途径主要有两种：孳乳和变易。章太炎《文始·叙例》中说："音义相雠，谓之变易。义自音衍，谓之孳乳。"变易现象表现为不同的语音关系：一类属于语音的自由变体（free variants），如现代汉语中"乘车"的"乘"在口语中既有人读第二声，也有人读为第四声，其读音不受其它条件限

---

① 参见孙宏开. 独龙语简志. 北京：民族出版社，1982.

制；还有一类是语音条件限定下的变体（conditioned variants），如英语中的"spring"，送气的 [p] 在擦音 [s] 后就改读不送气。前文的研究已指出，"韵律分析"表明"吾"是"我"语音弱化后的变体形式。因此，先秦汉语中"吾""我"之间的关系属于"变易"的后一类，即语音条件变体。从严格意义来说，"变易反映的是同词而不是同源现象"（陆宗达、王宁，1985）。因为"我"变易出"吾"的结果，并不是同源词派生孳乳制造新词的过程。"变易只变形，有时变音，但绝不应分化出新义；而孳乳才是在义的演变推动下分形转音。"同源词性质的讨论，不仅说明了"吾""我"之间是语音变体的关系，同时也为"'吾'在韵律上的不自由"的论断提供了另一个有力的证明。

很多学者基于"吾""我"在语音上表现出的对立现象，提出语音演变的假设，意在描述鱼、歌二部在上古汉语中的关系。如王力（1982：135）认为，"吾""我"两个音节的语音关系属于"鱼歌通转"。潘悟云（2000：128）认为"吾""我"属于"语音形态上变化"的一种。他特别强调："上古汉语指代词有弱化式，通过元音弱化为 [ə]，与一般式形成交替。"朱红（2010）认为"吾""我"的分化体现的是"歌部向鱼部链移"的演变机制。她同时认为歌部弱化为鱼部的现象是汉语语音大转变的开端，"歌部弱化为鱼部的语音现象在汉语史上是一系列语音演变的开始。……我们认为焦点理论可以较圆满地解释上古汉语的这次元音大转移现象。非焦点语义表达导致的语音弱化是歌部向鱼部链移的主导原因，使用频率高的核心词表现出来的语音演化倾向会向其他同部字扩散，从而导致语音演变的大规模发生。"

我们通过考察"吾""我"的韵素对应属性特征，认识到"吾""我"在语音上的对立并非用鱼、歌两部的对立就可以简单概括。"吾""我"轻重对立的实现从哪里开始？此前的研究大多以韵部关系来确定两者差异实现的手段，因而忽略了语音演变的一个重要因素，即语音演变的方向。我们说，语言演变的方向和方式才是解释"吾""我"两个形式语音属性差异的关键。冯胜利（2009）曾明确提出"上古韵素的多少直接关系到音节的轻重"。如果考虑到语音演变的方向，则上古汉语存在一种语音演变的过程，这个过程是将两个韵素变为一个韵素。即有如下的规则：

当 /ŋal/ 在表层表现为轻音节时，韵尾 /-l/ 就会被删除；否则韵尾 /-l/ 保持不变。[ŋal] 和 [ŋa] 是互补分布，属于同一个形式的两个变体。根据缺省规则（default rule）①，/ŋal/ 为基础形式。即：

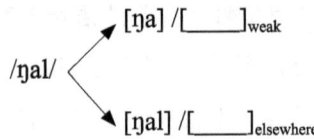

按照这一规则，鱼部的"吾"实质上是歌部的"我"弱化之后得到的一个韵律上的非自由形式。也就是说，我们在考虑鱼、歌二部对立的现象时，也需关注韵部内的形式是否具有相对独立

---

① 缺省值（default value）是 20 世纪 80 年代根据标记性理论提出的一个概念。王嘉龄（1998）将这个概念概括为："无标记的特征在底层表达式中均不赋值，到后期为无值的特征赋以普遍的缺省值。这就是不完全赋值理论。这一理论的提出，使底层表达式变得更为简明，比完全赋值的模型更为严谨，更具约束力。""在这样的操作中，偶值的特征只赋一个值在词汇里，而另一个值则一直要等到词汇派生完成以后再赋。"（许曦明、杨成虎，2011：238）

的语音属性,关注音节的不同来源。"吾""我"的对立是语音弱化的结果,弱化的结果呈现的是鱼、歌二部的对立。因此,不论是"歌鱼通转",还是"韵母的交替",说明的都是"吾""我"语音演变的结果,而不是语音演变的机制。

潘悟云于 2001 年曾在《上古指代词的强调式和弱化式》中分两个部分讨论"强调式"及"弱化式"。他的分类讨论启发我们从"强调"与"弱化"的两个演变方向去考虑上古汉语各个韵部之间的轻重关系。如果弱化是语言实现轻重的方式,那么是否也同时存在"强化"的运作?先秦汉语是否存在一个韵素增加为两个韵素的语音变化过程(即 /μ/ → [μ μ])呢?我们的回答是肯定的。

我们曾在前文指出:判断句主题位置的单韵素轻音节(light syllable),由于韵律系统的要求,必须是一个实足的音步,那么它会采用延长单韵素音节的元音的方式,将这个轻音节实现为一个双韵素重音节(heavy syllable),即经过了图 6-9 的语音变化:

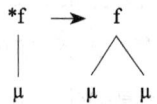

图 6-9 上古汉语轻音节在判断句主题位置的韵律演变

因此,我们说,"吾""鱼"在上古汉语中虽同属鱼部,经常互换,语音形式极为相似,但"*吾,大夫也""鱼,我所欲也"这两个判断句,之所以一个非法,一个合法,根本原因就在于主题位置上的两个音节来源于不同的语音操作。在语音表层形式上,两者表现截然不同,只是汉字掩盖了语音发生变化的事实。

因此，判断句主题上出现的"鱼"，与能够在文献中与"吾"互换的"鱼"，语音形式必然不同。据此，我们可以从上古韵律音系的角度解释为什么"鱼"和"吾"在同样的条件下（同样的句法、语音位置上）不能同时出现的原因了，见图6-10（#代表停顿）：

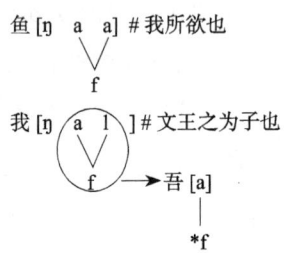

图6-10 "鱼""我"在判断句主题位置上的语音操作

综上所述，确定和区别上古汉语人称代词之间的对应关系的意义就在于，它可以帮助我们揭示先秦汉语语音演变的机制，更为重要的是，这种语音演变的运作说明了韵素数量的多少在当时语言体系中有着实现语音轻重的关键作用，能够进一步证明我们对第一人称代词"吾""我"语音对应关系的假设，即两者的关系是语音弱化的结果，而不是强化的结果。

思考与练习

1. 请说明高本汉的"侵占说"观点为何不能解释"吾""我"在句法位置上分布的例外现象。

2. 简要说明为何将"我""吾"的关系定义为强弱之别无法解释二者的对立。

3. "吾""鱼"在上古汉语中虽同属鱼部，经常互换，语音形式极为相似，但在判断句主题的位置，只能用"鱼"，不能用"吾"，如下面的例子。请分析造成这一现象的原因。

（1）*吾，大夫也。

（2）鱼，我所欲也。

7

"吾""我"韵素对立
古今演变的韵律分析

　　前几章我们已经阐释了"韵素作用"下第一人称代词在先秦时期呈现出的互补分布，其产生原因及运作机制，那么韵律结构分析是否同样能解释"吾""我"的历时演变呢？根据第五章的统计，从西汉开始，重音的位置对"吾"的严格限制开始逐渐减弱，"吾""我"在句末位置不再有互补分布的现象。那么，"吾""我"开始相混的语言现象是否源于两者韵部的相混呢？

　　根据罗常培、周祖谟《汉魏晋南北朝韵部演变研究》（1958）中所列"韵字表"，在两汉时期，"吾""我"仍分属鱼、歌两部，语音是有区别的。虽然诗文押韵显示此时存在歌鱼二部通押的情况，但我们在文献上并没有找到"吾""我"语音相混的证据。因此，说此时"吾""我"的韵部由分而合，恐怕还没有确凿的证据。

　　俞敏《后汉三国梵汉对音谱》中曾指出上古歌、鱼、侯、幽的元音演变（1999a：40）：

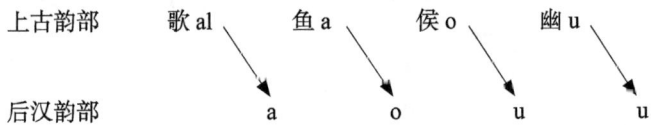

上古韵部	歌 al	鱼 a	侯 o	幽 u
后汉韵部	a	o	u	u

　　王力《汉语语音史》的"汉代音系"一章中指出，汉代韵部与先秦韵部相比，在音值方面有所改变。表现为："歌部由 ai 变为 a，鱼部由 o① 变为 ɔ……"。（1985：101）

---

① 疑有误，应为 a。

参照俞敏、王力的拟音,"吾""我"的语音演变可以表示为
("A > B"代表"语音从 A 演变为 B"):

吾:ŋa > ŋo(俞敏)/ŋa > ŋɔ(王力)

我:ŋal > ŋa(俞敏)/ŋai > ŋa(王力)

观察"吾""我"在两汉时发生的语音演变,虽然鱼、歌两部
的音值发生了变化,但如果分别计算两个音节的韵素响度,无论
根据哪家的拟音,"我"的音节始终比"吾"的音节响度值要高。
表 7-1 可以为证:

表 7-1 "吾""我"在先秦、两汉时期的音节响度值

	俞敏				王力			
	先秦		两汉		先秦		两汉	
	拟音	韵素响度	拟音	韵素响度	拟音	韵素响度	拟音	韵素响度
吾	ŋa	10	ŋo	9	ŋa	9	ŋɔ	8.5
我	ŋal	10+6=16	ŋa	10	ŋai	10+8=18	ŋa	10

假设两汉时期的韵律系统仍对语言中的韵素敏感,韵律系统
的巨大演变并未发生,两个人称代词仍保持了韵素的对立,那么
它们在语言系统中的互补分布也应当保持不变。但我们看到的语
言事实却是,先秦时期的互补分布不再存在。因此,以上的假设
是不成立的,也就是说,两汉时期的韵律系统一定发生了重大变
化,使得语言系统对韵素的差别不再敏感。

王力在《汉语史稿》中曾提及第一人称代词"吾""我"的使
用规律,指出从汉代开始,两者的使用情况发生了重要的变化,
他说:

> "吾"字除了在否定句的情况下,在先秦一般不用

于宾语①。到了战国时代,这个规则已经不能严格遵守了。例如:

> 吾服女也甚忘,女服吾也亦甚忘。……虽忘乎故吾,吾有不忘者存。(《庄子·田子方》)

> 故辟门除涂以迎吾入。(《荀子·议兵》)

到了汉代,也有"吾"字用于宾语的情况。例如:

> 且吾度足下之智不如吾,勇又不如吾。(《史记·郦生陆贾列传》)

> 过汝,汝给吾人马酒食,极欲。(同上)

洪诚(1962)也指出:"'吾'字在战国虽能居宾次,还不能做句末的宾语;能用在句末,到三国时才多起来。"向熹(1993)指出,"汉代以后"是"吾""我"的使用趋向合一的一个重要的时间点。可见,之前的很多研究都认为:两汉时期,对于研究"吾""我"换用现象的变化,是一个十分重要的转折点。

第四章、第五章中一系列"吾""我"在先秦、两汉及魏晋时期的分布现象,告诉我们这两者不仅是在宾语位置发生了分布规律的变化,在其他很多的句法位置也显现出了明显的演变轨迹。西汉以来第一人称代词"吾""我"的使用说明两者在先秦时期的互补分布消失了,它们之间的关联发生了本质的变化。"吾""我"在先秦与西汉时期在句中的表现截然不同,为何西汉时期是发生演变的关键时段?表现截然不同的根本原因是什么?这是此前研

---

① 王力先生注:这里指动词后的宾语。至于介词后的宾语,似乎出现较早,如《左传·成公十六年》"夫子尝与吾言于楚",《左传·桓公六年》"是其生也,与吾同物"。但是,即使就介词后的宾语而论,亦以用"我"字为常。

究无法解决但却亟待解决的重要问题。如果说"形态对立说"无法解释的是"吾""我"在共时平面上的差异，那么"焦点对立说"不能解释的是"吾""我"对立的古今变化。在第三章我们反驳了"焦点对立说"，并不是要否认"吾""我"的使用与焦点问题相关，而是要强调一个理论不仅要能说明共时上的差异，也要在历时演变上具有很强的解释力。何以现代汉语就没有了这样的对立？何以这样的演变恰恰发生在两汉？这些都是"焦点对立"无法说明的问题。由此我们看到，以往的研究忽视了探讨"吾""我"对立形式消失的本质原因。

在汉语史研究中，许多学者通过不同的语料，分析并说明"吾""我"在西汉以后的发展趋势和演变。孙锡信（1992：21-22）认为，魏晋以后的第一人称代词呈现出规范的趋势，主要使用"我"和"吾"，口语中更是以"我"为常。而唐宋以后，口语中第一人称代词基本用"我"，"吾"则成为仿古形式了。孙良明（1994：1-13）在对汉代注释家的注文进行研究后指出，注释家将先秦典籍原文第一人称代词的注文均改为了"我"。孙良明将这种变化概括为：第一人称代词发生了"我"字化的演变。而"代词单一化是先秦到东汉时期汉语语法的变化特征"。他的研究说明这时期的注释家面对先秦汉语"吾""我"换用的现象，已经无法理解两者在语义、语音、句法功能上的区别及关联了。朱庆之（2012）提出古汉语第一人称代词的一个重要变化就是，上古汉语中多个代词同时使用，后来除了"我"，其余都退出了口语。他同时以本土文献及佛经文献的统计材料证明这一变化最晚在东汉时期已经结束。

"第一人称代词的单一化""使用趋向合一"是否可以解释"吾""我"对立消失的根本原因呢？前文我们已经证明，先秦汉语"吾""我"的差异表现为韵律上轻形式与标准形式的对立，两者在重音位置呈现互补分布，而到了西汉时期，这种对立在逐渐消失。尽管"代词单一化"是一个事实，但它只是一个语言现象，并不能解释"吾"的使用逐渐减少的根本原因。我们不能说，"我"在语言中使用的扩散，是"吾""我"互补分布现象在西汉时期发生变化的根本性原因。

事实上，"我"成为主要的第一人称代词的条件和它与"吾"之间的关系密不可分。我们只有明确了两个形式之间的关联，才能透过现象抓住本质。从前文的分析中，我们得出这样的结论：先秦时期"吾""我"的互补分布说明了两者在韵律上的对立；西汉时，随着互补分布的消失，两者不再构成韵律上的对立，显示出韵律上的差别。我们通过探讨出现"吾""我"互补分布位置的语音条件，说明先秦时期的"吾"是第一人称标准形式"我"的弱化形式。因此可以推测，当韵律上的对立消失后，"吾"与"我"之间的弱化、标准的结构关系也随之打破了。从韵律模式上看，"吾""我"作为单音节，在以双音节为音步的韵律系统中都无法自成音步，因而它们两者成为两个独立的形式。由于它们的韵律地位是相同的，所以它们在不同语境的使用，反映的一定不是韵律上的差异。

如果我们依靠韵律理论，正确认识韵律发挥的作用，就能解释语言嬗变的内在机制。我们知道，西汉时期是古今韵律系统剧烈转变的时期。冯胜利（2009）指出："远古汉语的韵律结构和截至东汉发展起来的韵律结构有着本质的不同","汉语从以韵素多少为标志的轻重对立型词语,变为后来'以音节多少为标志的轻重形式'"。他列举出汉语韵律变化的七类历史证据,发现"无论从音系学、节律学或是词汇学,或是句法学,以至于文学上看,古今韵律结构之不同,均历历在目,不容否认"。同时,他提出以形态类型为标准,将古代汉语二分为东汉以前"音段形态类型"的语言和东汉以后才逐步形成的"超音段形态"为主的语言。以上我们提供的现象——以西汉为界呈现出的第一人称代词的互补分布现象的演变,正是韵素音步已开始向音节音步转化的有力证据,说明韵素数量的多少不再体现韵律上的轻重,从而证明语音结构的变化会影响整个韵律结构的演变,进而影响该语言所有的形式。

我们认为,只有用韵律结构的演变才能对"吾""我"对立的消失做出较好的说明。因为只有从韵律理论来看,二者对立的消失才是必然的。正是由于从汉代开始,韵律单位发生了根本性的变化,所以单音节内部无法显示出音步的对立。因此,先秦到两汉的语音变化导致的韵律结构的变化才是对立消失的根本原因。

既然西汉以后"吾""我"不再反映韵律上的差异,那它们究竟体现哪方面的差别呢?向熹(1993:226)曾就汉代以来"吾""我"出现的语言环境进行讨论,他说:

> 魏晋之后,"我"仍然是第一人称代词最基本的形式,不仅在接近口语的作品里应用得非常普遍,在文人作品里也应用得很广泛。……"吾"在书面语言里,用

得也很普遍。大约东晋以后，"吾"在口语里已逐渐被
"我"字排斥，书面上则仍为文人所应用。

很明显，根据向熹的说法，"吾""我"至少在东晋以后，
呈现的就是书面语和口语的对立。以下一些研究证实了向熹的
观点。

潘允中（1982）指出"我"是唐禅师语录和宋元以后的民
间文学作品里最通行的第一人称。罗杰瑞（1995：106）曾指出，
关于人称代词，从上古到唐代的这段时间，"吾"和"我"的不
同用法逐渐消失是一个重要的演变。"汉代及以后，第一人称的
不同分工消失了。到了南北朝和唐代，已看不出'吾、我'在用
法上有什么不同。"他引用 Gurevich 的研究来解释演变的原因：
"在现代方言中，看不出'吾'还在使用的迹象。Gurevich（1974）
已注意到，在一些早期的佛经翻译中，'吾'已完全消失了；另
有些译经则喜欢用'我'。Gurevich 由此得出结论，'吾'在汉、
唐期间，已经不作为口语用词了。虽然后来书面也还见到'吾'，
这只是文言而已。"孙锡信（1992：21-22）统计了魏晋时代干宝
的《搜神记》和唐五代时的《敦煌变文集》中"吾""我"的使
用情况，说明随着时代的发展，文献中越发显示出"我"成为口
语中第一人称代词的规范用词的趋势。朱庆之（2012）同时选取
中古时期的本土文献和印度佛教文献的汉译本，通过语料库的统
计指出一个事实：东汉翻译佛经中出现了大量只用"我"，不用
"吾"的文献，这是汉语口语实际情况的反映。朱红（2009）对
汉语正式与非正式语体文献进行了检索，发现"汉语口语第一人

称代词至少在汉代就已经以'我'为使用主体了"。

以上研究均指出，两汉以后"吾"开始从汉语口语中退出，汉语中大量使用"我"而不用"吾"的现象反映出两者语体上的分别。我们相信，两汉以后的第一人称代词"吾""我"的分别不再表现为韵律上的对立，而表现为语体方面的对立。

值得注意的是，我们有必要再次强调语音促发对阐释"吾""我"分布规律变化的关键作用。通过前文的研究和分析，我们看到，本书采用的"韵素分析法"对解决"吾""我"差异问题更具优越性。而更为关键的是，"韵律分析"还有助于解决第一人称代词的历时演变问题，不仅能解决共时平面"'吾'不能做句末宾语"的难题，也能说明为何西汉以来它又被允许出现在宾语的位置，最终，解释"吾""我"互补分布规律发生变化的时代性特征，找到分布演变反映出的本质属性。

思考与练习

1. 以"吾""我"分布的演变为例，结合语料说明从先秦到西汉，汉语的韵律系统发生了怎样的变化。

2. 从先秦到西汉，"吾""我"的语音经历了哪些变化？语音的变化是否是导致二者分布演变的真正动因？

3. 结合韵律理论，说说如何理解向熹先生指出的"汉代以后是'吾、我'使用趋向合一的一个重要的时间点"。

8

结 语

　　上古汉语第一人称代词"吾""我"交替使用的真正动因，一直是学术界关注的重要问题。在汉语史研究中，许多学者尝试去解决先秦汉语中"吾""我"替换使用的问题，他们的观点主要分为四大类："形态对立说""轻重对立说""焦点对立说"和"韵素对立说"。我们通过分析认为，前三种观点不能从根本上说明导致两者差异的原理机制，而"韵素对立说"在解决"吾""我"差异问题上具有优势。这种理论优于形态分析、语义分析的关键之处在于它可以帮助我们发现和预测一大批"吾""我"的互补分布现象，探索两者使用中非此即彼的语言环境，这均是此前的研究未曾关注的。比如，"形态对立说"尝试解决为何先秦汉语的"吾"不做宾语的难题，长久以来颇受争议，而采用"韵素分析法"不仅可以排除形态分析产生的例外，而且可以从本质上说明宾语位置很少出现"吾"这一现象背后的运作机制。

　　根据韵律理论，本书在第四、五章集中说明了先秦时期和两汉以来，第一人称代词"吾""我"在重音位置的分布情况，总结和分析了人称代词不能出现的位置（不合法的位置），观察互补分布的规律和变化。需要特别指出的是，"吾""我"在重音位置出现的互补分布不仅是语言现象的统计归纳，更是理论预测的结果。我们首先默认有韵律限定的语音环境会产生互补分布，然后根据韵律理论定位语言系统中的轻重音位置，最后依照这些具体位置或标记寻找"吾""我"的出现规律，结果是，韵律理论的预测与语言事实是相合的。因此，确定以下两类重音位置——语音空拍前的位置（包括句末、语气词前、判断句主语）和对比重音位置（焦点标记"则"前，"唯""独"后，"于"后），是以韵律分析为基础鉴别古汉语重音位置的方法。集中地通过重音位置分析"吾""我"的分布规律，是此前的研究从未做过的。

在本书中我们特别强调，研究第一人称分布规律的历时演变是确定两者对应属性的关键。因此，在第五章，我们考察了西汉以来重音位置上的第一人称代词的分布，揭示出重音位置对特定的第一人称代词从"排斥"到"接受"的过程，从而说明先秦时期与两汉以后（包括两汉）"吾""我"呈现出不同的分布规律。我们注意到，从西汉开始，"吾""我"在上面列举的两类重音位置上开始混同了，不再有互补分布的现象出现。为何原本排斥"吾"的位置开始重新接受它，这种现象在以往的研究中常常被忽视。我们说，古今汉语的语言系统中皆有重音，重音未消失而对立却消失了，恰恰说明语言里实现重音的方式发生了根本性的改变。

在罗列了先秦及两汉以来第一人称代词"吾""我"的分布现象之后，第六章我们对其分布属性进行韵律上的分析。在这一章，我们依据"韵律隐形条件"与底层形式的确立原则，从"吾""我"出现的语音、韵律条件入手，提出本书的重要观点：

"我"是先秦汉语第一人称代词的标准形式（default form），"吾"是在特定语音环境要求下出现的弱化形式（reduced form）。"吾""我"实为一个词的两个不同形式。当句中位置具备语音弱化条件时，才使用弱化形式"吾"，其他位置使用标准形式"我"。

提出以上假设的原因是它可以解决以往研究中产生的两个矛盾：

第一，如果"吾""我"是独立的两个第一人称代词，根据"韵律隐形条件"，底层形式均轻，为何在句末轻的位置只出现"我"，而排斥"吾"？

第二，就汉语史上出现的先后顺序来说，如果"吾""我"表现为韵律形式上的一轻一重，那么我们无法解释为何重读形式一直在语言中保留，轻读形式反而是后起的形式。

由此可见，"吾"必然是具有语音基础的形式，因此，它不可能与"我"同时是第一人称代词的底层语音形式，而应该是"我"的语音变异形式。只有将"吾"分析为"我"的弱化形式，才能揭示它的本质属性。

与"轻重对立说"相比，韵律的解释解决了实现语音轻重的手段问题，即先秦时期"吾""我"的差异源于音段上的不同，具体来说，是韵素响度和数量的不同。我们利用上古音构拟的成果，通过节律音系学理论中的"响度层级"量化了两个音节的韵母响度值，证实歌部"我"的音节比鱼部的"吾"要重，两者的轻重表现为音段上的差异。同时，我们也比较了西汉以后（包括西汉）"吾""我"两个音节的韵素特征，发现二者的韵素数量、响度关系并未发生根本的变化，证实了这一时期"吾""我"趋向混同的现象并不是语音混同的结果，为"韵律演变造成对立消失"提供了语音变化上的证据。值得注意的是，我们考察了学界各家构拟上古韵部歌、鱼二部的依据，发现虽然各家的构拟不尽相同，但却一致地显示出了两个韵部在韵律上的相对轻重差异。

我们对语音现象进行预测、归纳、统计、验证，目的是重新审视先秦汉语第一人称代词"吾""我"对应关系的属性。我们说，"吾""我"呈现的互补分布规律证明了先秦汉语是对韵素敏感的语言，更为重要的是，韵律理论的分析使对"吾""我"本质关系的探索深入到语音演变方向的层面。究竟"我"是强调式，还是"吾"发生了弱化，是之前的研究一直争论的问题。根据本书的分析和论证，可以概括地说："吾""我"的对立是语音弱化的结果。该论证能较好地说明两个人称代词的生成关系，并且对"吾""我"的来源及是否同源的问题提供一个全新的解释。在此基础上，我们根据上古汉语"吾""我"的对应属性推演出语音演变方向。这一语言演变规则可以概括为：

当 /ŋal/ 在表层表现为轻音节时，韵尾 /-l/ 就会被删除；否则韵尾 /-l/ 保持不变。[ŋal] 和 [ŋa] 是互补分布，属于同一个形式的两个变体。根据缺省规则（default rule），/ŋal/ 为基础形式。即：

我 /ŋal/ ⟶ 吾 [ŋa] /[_____]$_{weak}$

我 /ŋal/ ⟶ 我 [ŋal] /[_____]$_{elsewhere}$

对先秦汉语语言事实进行的重新审视和分析，说明了韵律特征如何实现两者的韵律功能。综上所述，"韵素对立"反映了上古汉语中第一人称代词"吾""我"对立的本质所在，"吾"是"我"语音弱化的结果。以上论断明确了两者的对应属性，也符合语言类型演变的规律。

学术界的长期关注说明"吾""我"问题的解决关乎对整个上古汉语语言面貌的重新定义。我们假设，如果"形态对立说"成立，那么上古汉语依靠形态标记语法功能，其语言类型与英文类似，与现代汉语截然有别；如果"轻重对立说""焦点对立说"成立，那么上古汉语的词语确有焦点／非焦点、轻／重之差，那么对上古汉语的语义、重音的交互研究就具有语言学的普遍意义。也就是说，无论哪一种理论能够在解释"吾""我"差异方面取得突破，都将对汉语史的研究产生重大影响。但是正如我们书中所探讨的，之前的探索和尝试仍存在许多尚未解决的难题。如果上述问题能够通过"韵素对立"理论得到较为圆满的解决，其意义不仅在于我们能够排除形态、语义、语音对立三种假设中存在的反例，同时可能开辟一条从韵律的角度研究上古汉语语音的新途径。如果凭借韵律理论，可以更加深入地考察"吾""我"对立的分布情况，那么还意味着韵律系统的研究对上古汉语语言现象的认识具有十分重要的作用。

新的方法和理论为韵素音步类型的语言研究提供了一些事实，同时为考察汉语语言类型的古今演变打开了一扇窗户。如果"吾""我"是同一代词的两种不同形式，那么"我"弱化为"吾"，涉及的直接问题就是语音的弱化条件。如果我们能找到弱化的条件，就意味着在相同的语音环境下，其他类别的词也会产生同样的语言现象。因此，这种从语音轻重角度考察语音环境的理论实则为汉语语音的研究提供了一个崭新的方法，为探索代词替换的语音学机制提供了新的材料。

近年来，上古汉语的韵律轻重现象越来越受到语言学界的关注。潘悟云（2014）在评价"吾""我"韵素分析的研究中谈到，汉语韵律类型演变的研究对重新定义古汉语的面貌至关重要："汉语韵律结构在汉以后发生了重大的改变，先秦以韵素为基本单位，汉以后则以音节为基本单位。这个观点无疑有极大的创新性，会极大地影响到今后汉语史的研究格局。"[①]何大安在《这样的错误不该有：评白一平、沙加尔的〈上古音：构拟新论〉》（2016）中肯定了上古汉语韵律的发现及研究："至于'上古音非单音节'的问题，孙宏开（2014）和冯胜利（2012、2013）也分别从汉藏语共同创新，以及韵素轻重等不同角度提出了新的见解。他们的意见与《上古音：构拟新论》的主张不同，我建议读者参看、比较，定能知所取舍。"郑张尚芳（2017）也提出了韵素分析可以用于解释汉语史上的一些重要的语音现象："在上古汉语中，单音节韵素音步表现明显，韵素增减引致音节长短对比（如代词强弱形式的对立："吾、汝、夫"[a]与"我、尔、彼"[ai]。疑词强弱形式的对立："邪"[laa]与"也"[laalʔ]>[ʌiaɤ]等）。韵素音步在汉语的语法、韵律和语音演变上起过重要的作用。"冯蒸在《二十世纪汉语历史音韵学研究的 100 项新发现与新进展》（2017）中，列"上古汉语有韵素音步说"，肯定了上古汉语的声调研究与韵素音步的研究有着密切的关联。这里不妨引之于下，作为本书理论的来源和补证：

> 韵素（mora）是韵律学在分析音节轻重理论系统中的最小单位。在韵素音步系统的语言中，韵素数量的多少决定音节的轻重。韵素在韵律系统中的作用，与音节中韵素数量的多少，元音响度的大小有直接关系。冯胜

---

① 这是潘悟云教授 2014 年参加本书作者博士论文答辩时做出的评价。

利（1997）及其后诸论著发现上古汉语有韵素音步的存在，提出远古汉语可能是韵素敏感型的语言（以韵素为韵律轻重的计量单位），而韵素音步的丢失是上古汉语"音节结构"简化〔CCVVCC 到 CVV（C）〕和声调产生的结果；提出韵素音步的消失是韵律音系类型的转变，这一转变的一个重要结果就是"双音节音步"的出现；"双音化（构词的双音节复合词化）"是"双音步化"的结果。

正是在韵律语法学的带动下，上古汉语的研究取得了显著的进展，一系列上古汉语语音韵律的研究不断揭示出越来越多的"韵素数量""元音响度"及"语势轻重"等韵律现象和对应规律。如施向东（2015）依据上古汉语音节双韵素的结构特点，推测平声阴声韵在上古可能都有一个喉部浊擦音 [-ɦ] 的韵尾。随着这方面研究的深入，从韵素的角度对上古汉语音韵问题（包括韵部特征及音节结构等）进行的讨论越来越受到古音研究领域的重视。韵素音步的发现不仅对整个汉语史的研究具有重要的意义，而且为汉语语音史的研究开拓了一个崭新的方向。由此，近年来发展出一门研究上古汉语韵律音系系统的学问——韵律音韵学。韵律音韵学将古代语料中轻重、长短、高低及语调等超音段语音现象，作为考察和验证古音构拟的重要内容和证据，探讨上古韵部之间轻重的对立等一系列重要的问题，以此探索古代的语音规律及其发展。

参考文献

[1] 蔡维天. 论句调重音对语法诠释机制的影响 [C]. 汉语韵律语法研讨会，香港，2013.

[2] 曹峰. 上博楚简《凡物流形》的文本结构与思想特征 [J]. 清华大学学报，2010（1）：73-82.

[3] 曹剑芬. 音段延长的不同类型及其韵律价值 [J]. 南京师范大学文学院学报，2005（4）：160-167.

[4] 陈满华. 北京话"人家"省略为"人"的现象考察 [J]. 汉语学习，2007（4）：21-25.

[5] 陈远秀. "之"的韵律特征及"主之谓"的正式语体属性 [C]. 香港中文大学中国语言及文学系讲论会论文，香港，2017.

[6] 陈昭容. 先秦古文字材料中所见的第一人称代词 [J]. 中国文字，1992（16）：181-218.

[7] 戴维·克里斯特尔编. 现代语言学词典 [M]. 沈家煊译. 北京：商务印书馆，2000.

[8] 邓思颖. 汉语句类和语气的句法分析 [J]. 汉语学报，2010（1）：59-96.

[9] 丁邦新. 上古汉语的音节结构 [J]. 历史语言研究所辑刊，1979（50）：717-739.

[10] 董琨.《墨子》称代系统论隅[A]. 郭锡良主编. 古汉语语法论集[C]. 北京：语文出版社，1998. 271-282.

[11] 董秀芳. 词汇化：汉语双音词的衍生和发展 [M]. 成都：四川民族出版社，2002.

[12] 段玉裁. 说文解字注 [M]. 上海：上海古籍出版社，2009.

[13] 方梅. 汉语对比焦点的句法表现手段 [J]. 中国语文，1995（4）：279-289.

[14] 冯春田. 魏晋南北朝时期某些语法问题探究 [A]. 程湘清主编. 魏晋南北朝汉语研究 [C]. 济南：山东教育出版社，1992. 179-229.

[15] 冯胜利. 汉语的韵律、词法与句法 [M]. 北京：北京大学出版社，1997.

[16] 冯胜利. 论汉语的自然音步 [J]. 中国语文，1998（1）：40-47.

[17] 冯胜利. 汉语韵律句法学 [M]. 上海：上海教育出版社，2000a.

[18] 冯胜利. 汉语双音化的历史来源 [J]. 现代中国语研究，2000b（1）：123-138.

[19] 冯胜利. 古汉语判断句中的系词 [J]. 汪维辉译. 古汉语研究，2003（1）：30-36.

[20] 冯胜利. 汉语声调对音步与音变的影响和作用 [A]. 冯胜利. 汉语韵律语法研究 [C]. 北京：北京大学出版社，2005a. 86-101.

[21] 冯胜利. 韵律构词与韵律句法之间的交互作用 [A]. 冯胜利. 汉语韵律语法研究 [C]. 北京：北京大学出版社，2005b. 119-136.

[22] 冯胜利. 韵律语法理论与汉语研究 [J]. 语言科学，2007（2）：48-59.

[23] 冯胜利. 论三音节音步的历史来源与秦汉诗歌的同步发展 [J]. 语言学论丛，2008（37）：18-54.

[24] 冯胜利. 论汉语韵律的形态功能与句法演变的历史分期 [J]. 历史语言学研究，2009（2）：12-30.

[25] 冯胜利. 论韵律文体学的基本原理 [J]. 当代修辞学，2010（1）：25-36.

[26] 冯胜利. 上古单音节音步例证——兼谈从韵律角度研究古音的新途径 [J]. 历史语言学研究，2012（5）：78-90.

[27] 冯胜利. 汉语的核心重音 [J]. 中国语学，2013a（260号）：6-21.

[28] 冯胜利. 上古音韵研究的新视角 [A]. 石锋、彭刚主编. 大江东去：王士元教授八十岁贺寿文集 [C]. 香港：香港城市大学出版社，2013b. 71-84.

[29] 冯蒸. 二十世纪汉语历史音韵研究的100项新发现与新进展 [A]. 洪波主编. 燕京语言学文存 [C]. 北京：学苑出版社，2017. 28-142.

[30] 高本汉. 原始中国语为变化语说 [N]. 冯承钧译. 东方杂志，1929-03-10（26）.

[31] 高本汉. 中国语之性质及其历史 [M]. 杜其容译. 中华丛书编审委员会. 1963.

[32] 高本汉. 汉文典 [M]. 潘悟云、杨剑桥、陈重叶、张洪明编译. 上海：上海辞书出版社，1997.

[33] 高名凯. 汉语语法论 [M]. 北京：科学出版社，1957.

[34] 郭锡良. 介词"于"的起源和发展 [J]. 中国语文，1997（2）：131-138.

[35] 郭锡良. 古代汉语语法讲稿 [M]. 北京：语文出版社，2007.

[36] 何大安. 这样的错误不该有：评白一平、沙加尔的《上古音：构拟新论》[J]. 中国语言学报，2016（1）.

[37] 何乐士. 左传的人称代词 [A]. 中国社会科学院语言研究所古代汉语研究室编. 古汉语研究论文集2[C]. 北京：北京出版社，1984. 108-138.

[38] 何乐士. 古代汉语虚词通释 [M]. 北京：北京出版社，1985.

[39] 何乐士.《左传》的介词"于"和"于"[A]. 中国社会科学院语言研究所古汉语室编古汉语研究论文集（三）[C]. 北京：北京出版社，1987. 1-21.

[40] 洪波. 上古汉语第一人称代词"余（予）""我""朕"的分别 [J]. 语言研究，1996（1）：80-87.

[41] 洪波. 先秦汉语对称代词"尔""女（汝）""而""乃"的分别 [J]. 语言研究，2002（2）：30-37.

[42] 洪波. 上古汉语的焦点表达 [A]. 商务印书馆编辑部编. 21 世纪的中国语言学 2[C]. 北京：商务印书馆. 2006. 36-51.

[43] 洪诚. 关于上古汉语人称代词形态问题的讨论 [J]. 南京大学学报. 1962（4）：15-23.

[44] 洪惟仁. 古汉语格变化与人称代词的演变 [C]. 第十八届声韵学学术研讨会，台北，2000.

[45] 胡适. 吾我篇 [N]，北京大学日刊，1918-02-09（21）.

[46] 黄盛璋. 古汉语的人身代词研究 [J]. 中国语文，1963（6）：443-473.

[47] 黄树先. 汉语核心词"我"研究 [J]. 语言研究，2007（3）：86-91.

[48] 金守拙. 再论吾、我 [J]. 李保均译. 历史语言研究所集刊（上册）. 1956（28）：273-251.

[49] 竟成. 简论汉语人称代词 [J]. 古汉语研究，1996（1）：77-81.

[50] 李宝伦等. 对焦点敏感的结构及焦点的语义解释（上）[J]. 当代语言学，2003（01）：1-11.

[51] 李方桂. 上古音研究 [M]. 北京：商务印书馆，2003.

[52] 李开. 战国时代第一人称"我""吾"用法种种 [J]. 南京大学学报，1984（3）：84-91.

[53] 李明晓. 战国楚简语法研究 [M]. 武汉：武汉大学出版社，2010.

[54] 李永燧. 彝、缅、景颇三个语支第一、二人称代词比较——兼论它们和上古汉语"吾""汝"等等的关系 [J]. 语言研究，1983（1）：179-192.

[55] 李智泽.《孟子》与《孟子章句》代词比较 [J]. 兰州大学学报，1986（4）：82-94.

[56] 林茂灿. 汉语焦点重音和功能语气及其特征 [J]. 汉字文化，2011（6）：10-23.

[57] 刘慧樱. 国语语调的声学研究 [D]. 台北：台湾清华大学硕士学位论文，1989.

[58] 陆宗达、王宁. 传统字源学初探 [A]. 北京市语言学会编. 语言论文集 [C]. 北京：北京出版社，1985. 249-260.

[59] 吕叔湘主编. 现代汉语八百词 [M]. 北京：商务印书馆，1980.

[60] 罗常培、周祖谟. 汉魏晋南北朝韵部演变研究 [M]. 北京：科学出版社，1958.

[61] 罗端. 先秦汉语人称代词系统的演变 [J]. 历史语言学研究，2009（2）：54-71.

[62] 罗杰瑞. 汉语概说 [M]. 张惠英译. 北京：语文出版社，1995.

[63] 马承源主编. 上海博物馆藏战国楚竹书 5[M]. 上海：上海古籍出版社，2005.

[64] 马建忠. 马氏文通 [M]. 北京：商务印书馆，2010.

[65] 潘悟云. 汉语历史音韵学 [M]. 上海：上海教育出版社，2000.

[66] 潘悟云. 上古指代词的强调式和弱化式 [A]. 面向二十一世纪语言问题再认识——庆祝张斌先生从教五十周年暨八十华诞 [C]. 上海：上海教育出版社，2001. 297-313.

[67] 潘悟云. 上古汉语的韵尾 *-l 与 *-r[J]. 民族语文, 2007（1）: 9-17.

[68] 潘允中. 批判胡适的《吾我篇》和《尔汝篇》[J]. 中山大学学报, 1955（1）: 36-47.

[69] 潘允中. 汉语语法史概要 [M]. 郑州: 中州书画社, 1982.

[70] 裴学海. 古书虚词集释 [M]. 中华书局, 2012.

[71] 蒲立本. 古代汉语代词的形态 [A]. 孙景涛译. 郭锡良编. 古汉语语法论集 [C]. 北京: 语文出版社, 1998. 264-270.

[72] 蒲立本. 古汉语语法纲要 [M]. 孙景涛译. 北京: 语文出版社, 2006.

[73] 漆权. 史记中的人称代词 [J]. 语言学论丛, 1984（12）: 171-193.

[74] 容庚. 周金文中所见代名词释例 [J]. 燕京学报, 1929（6）: 130-135.

[75] 沙加尔. 上古汉语词根 [M]. 龚群虎译. 上海: 上海教育出版社, 2004.

[76] 施向东、朱红. 汉语第一人称代词和藏语 [C]. 昆明国际人类学会, 昆明, 2009.

[77] 施向东. 关于上古汉语阴声音节的韵尾、韵素和声调问题的探讨 [A]. 冯胜利主编. 汉语韵律语法新探 [C]. 上海: 中西书局, 2015. 342-364.

[78] 孙宏开. 独龙语简志 [M]. 北京: 民族出版社, 1982.

[79] 孙良明. 古代汉语语法变化研究 [M]. 北京: 语文出版社, 1994.

[80] 孙锡信. 汉语历史语法要略 [M]. 上海: 复旦大学出版社, 1992.

[81] 王洪君. 汉语非线性音系学 [M]. 北京: 北京大学出版社, 2008.

[82] 王嘉龄. 生成音系学的历程和特点 [J]. 语音文字应用, 1998（1）: 88-112.

[83] 王力. 中国语法理论 [M]. 北京: 中华书局, 1954.

[84] 王力. 汉语史稿 [M]. 北京：科学出版社，1957.

[85] 王力. 同源字典 [M]. 北京：商务印书馆，1982.

[86] 王力. 汉语语音史 [M]. 北京：中国社会科学出版社，1985.

[87] 魏培泉. 上古汉语到中古汉语语法的重要发展 [A]. 古今通塞：汉语的历史与发展—第三届国际汉学会议论文集 [C]. 台北："中央研究院"，2003．98.

[88] 魏培泉. 汉魏六朝称代词研究 [M]. 台北："中央研究院"语言学研究所，2004.

[89] 向熹. 简明汉语史（下）[M]. 北京：高等教育出版社，1993.

[90] 熊子瑜. 韵律单元边界特征的声学语音学研究 [J]. 语言文字应用，2003（2）：116-121.

[91] 徐丹. 从《战国纵横家书》看古汉语第一人称代词[J]. 东方语言学，2007（12）：19-33.

[92] 许曦明、杨成虎. 语音学与音系学导论 [M]. 上海：上海交通大学出版社，2011.

[93] 杨伯峻. 孟子译注 [M]. 北京：中华书局，1960.

[94] 杨伯峻、何乐士. 古汉语语法及其发展 [M]. 北京：语文出版社，1992.

[95] 杨玉芳. 句法边界的韵律学表现 [J]. 声学学报，1997（5）：414-422.

[96] 叶军. 现代汉语节奏研究 [M]. 上海：上海书店出版社，2008.

[97] 余光武. 言据范畴的语义与表达层次初探——基于汉语语料的考察 [J]. 外语与外语教学，2010（2）：40-44.

[98] 余迺永. 上古音系研究 [M]. 香港：香港中文大学出版社，1985.

[99] 俞敏. 后汉三国梵汉对音谱 [A]. 俞敏语言学论文集 [C]. 北京：商务印书馆，1999a．1-62.

[100] 俞敏. 汉藏同源字谱稿 [A]. 俞敏语言学论文集 [C]. 北京：商务印书馆，1999b. 63-120.

[101] 俞敏. 汉藏虚字比较研究 [A]. 俞敏语言学论文集 [C]. 北京：商务印书馆，1999c. 121-166.

[102] 俞敏. 汉语的"其"跟藏语的 gji [A]. 俞敏语言学论文集 [C]. 北京：商务印书馆，1999d. 167-183.

[103] 张伯江. 认识观的语法表现 [J]. 国外语言学，1997（2）：15-19.

[104] 张成福、余光武. 论汉语的传信表达—以插入语研究为例 [J]. 语言科学，2003（1）：50-59.

[105] 张玉金. 论西周汉语第一人称代词有无谦敬功能的问题 [J]. 华南师范大学学报，2004（2）：62-68.

[106] 张玉金. 西周汉语语法研究 [M]. 北京：商务印书馆，2004.

[107] 张玉金. 西周汉语代词研究 [M]. 北京：中华书局，2006.

[108] 张玉金. 春秋时代第一人称代词研究 [J]. 语言研究，2008（2）：66-72.

[109] 张玉金. 出土战国文献虚词研究 [M]. 北京：人民出版社，2011.

[110] 章太炎. 王伯申新定助词辩 [A]. 上海人民出版社编. 章太炎全集（第五册）[C]. 上海：上海人民出版社，1985：64-67.

[111] 章太炎. 文始 [A]. 上海人民出版社编. 章太炎全集（第七册）[C] 上海：上海人民出版社，1999：159-412.

[112] 赵元任. 中国话的文法 [M]. 香港：香港中文大学出版社，2000.

[113] 郑张尚芳. 上古韵母系统和四等、介音、声调的发源问题 [J]. 温州师范学院学报，1987（4）：67-90.

[114] 郑张尚芳. 上古音系 [M]. 上海：上海教育出版社，2003.

[115] 郑张尚芳. 汉语方言与古音中的韵律表现 [J]. 韵律语法研究，2017（1）：28-31.

[116] 周法高. 中国古代语法（称代篇)[M]. 台北：台联国风出版社，1959.

[117] 周生亚. 上古汉语人称代词繁复的原因 [J]. 中国语文，1980（2）：127-139.

[118] 朱德熙. 语法讲义 [M]. 北京：商务印书馆，1982.

[119] 朱红. 汉语第一人称代词的历时统计分析 [J]. 汉字文化，2009(5)：46-50.

[120] 朱红. 语义焦点与语言的历时演变——以上古汉语"我""吾"的分化为例 [J]. 南开语言学刊，2010（1）：134-141.

[121] 朱庆之. 上古汉语"吾""予 / 余"等第一人称代词在口语中消失的时代 [J]. 中国语文，2012（3）：195-210.

[122] 祝中熹. 先秦第一人称代词初探 [J]. 兰州大学学报，1986（2）：110-116.

[123] Baxter, William H. *A Handbook of Old Chinese Phonology*[M]. Berlin: Mouton de Gruyter, 1992.

[124] Behr, Wolfgang. The extent of tonal irregularity in pre-Qin inscriptional rhyming[A]. 汉语史研究：纪念李方桂先生百年冥诞论文集 [C]. 丁邦新、余霭芹主编. 台北："中央研究院"语言学研究所，2005.

[125] Duanmu, San. Pre-juncture lengthening and foot binarity[J]. *Studies in the Linguistic Sciences* 26.1/2 (1996): 95-115.

[126] Duanmu, San. *The Phonology of Standard Chinese*[M]. Oxford & New York: Oxford University Press, 2000.

[127] Feng, Shengli. The copula in Classical Chinese declarative sentences[J]. *Journal of Chinese Linguistics*. 21.2 (1993): 277-310.

[128] Feng, Shengli. Prosodic structure and prosodically constrained syntax in Chinese[D]. PhD. Thesis at University of Pennsylvania, 1995.

[129] Feng, Shengli. Prosodic structure and compound words in Classical Chinese[A]. *New Approaches to Chinese Word Formation: Morphology, Phonology and the Lexicon in Modern and Ancient Chinese*[C]. Ed. Jerome, Packard L. Berlin; New York: Mouton de Gruyter, 1997. 197-260.

[130] Feng, Shengli. Prosodically constrained postverbal PPs in Mandarin Chinese [J]. *Linguistics* 41-6 (2003): 1085-1122.

[131] Feng, Shengli. *Prosodical Morphology in Chinese*[M]. New York: Routledge Press, 2018.

[132] Giegerich. Heinz J. *Metrical Phonology and Phonological Structure: German and English*[M]. Cambridge: Cambridge University Press, 1985.

[133] Gimson, A. C. *An Introduction to the Pronunciation of English*[M]. London: Edward Arnold, 1980.

[134] Gong, Hwang-cheng. A comparative study of the Chinese, Tibetan, and Burmese vowel systems[J]. *Bulletin of the Institute of History and Philology* 51.3 (1980): 455-490.

[135] Graham, A.C. The archaic Chinese pronouns[J]. *Asia Major, New Series* 15-2 (1969): 17-61.

[136] Guillaume Jacques. A shared suppletive pattern in the pronominal systems of Chang Naga and Southern Qiang[J]. *Cahiers de linguistique*

– *Asie orientale* 36.1 (2007): 61-78.

[137] Hayes, Bruce. *Metrical Stress Theory: Principles and Case Studies*[M]. Chicago: University of Chicago Press, 1995.

[138] Karlgren, Bernhard. Le proto-chinois, langue flexionelle, *Journal Asiatique*[J]. 15(1920): 205-232.

[139] Karlgren, Bernhard. *The Chinese Language: An Essay on Its Nature and History*[M]. New York: Ronald Press, 1949.

[140] Liberman, Mark. The intonation system of English [D]. PhD. Thesis at MIT, 1975.

[141] Liberman, Mark & Alan Prince. On stress and linguistic rhythm[J]. *Linguistic Inquiry* 8(1977): 249-336.

[142] McCarthy. John J. Pausal phonology and morpheme realization[J]. *Linguistics Department Faculty Publication Series* Paper 57 (2011) .

[143] Nuyts, Jan. *Epistemic Modality, Language, and Conceptualization: A Cognitive-Pragmatic Perspective*[M]. Amsterdam: John Benjamins Publishing Company, 2001.

[144] Pulleyblank, E. G. Studies in early Chinese grammar[J]. *Asia Major* 8 (1960): 36-67.

[145] Pulleyblank, E. G. *Outline of Classical Chinese Grammar*[M]. Vancouver: UBC Press, 1995.

[146] Richard Hogg & C. B. McCully. *Metrical Phonology: A Coursebook* [M]. Cambridge: Cambridge University Press, 1987.

[147] Sagart, Laurent. *The Roots of Old Chinese*[M]. Amsterdam & Philadelphia: John Benjamins Publishing Company, 1999.

[148] Sagart, Laurent. "OC 吾 *nga 'I' : Inherited or Innovated?" [R]. Paper presented at the 29th International Conference on Sino-Tibetan Language and Linguistics. Noordwijkerhout, the Netherland, 1996.

[149] Selkirk, Elizabeth O. The phrase phonology of English and French[D]. PhD. Thesis at MIT, 1972.

[150] Selkirk, Elizabeth O. *Phonology and Syntax: The Relation between Sound and Structure*[M]. Cambridge: MIT Press, 1984.

[151] Takashima, Ken-Ichi. The so-called "third" -possessive pronoun *jue* 氒 in Classical Chinese[J]. *Journal of the American Oriental Society* 119.3 (1999): 404-431.

[152] Tseng, Chiu-yu & Su, Zhao-yu. Boundary and lengthening— On relative phonetic information[A]. *Frontiers in Phonetics and Speech Science* [C]. Ed. G. Fant, H. Fujisaki & J. Shen, Commercial Press, 2009. 369-379.

[153] Zubizarreta, Maria Luisa. *Prosody, Focus, and Word Order*[M]. Cambridge, Massachusetts/ London: MIT Press, 1998.

后　记

　　上古汉语第一人称代词"吾""我"经常在同一个句子中交替使用，这种现象是否具有规律性，其真正的动因来源于哪里？这些问题一直受到古今学者的重视。长久以来，虽然"吾""我"的问题被广泛地讨论，但学术界却未能达成共识。哪类研究对解决这个问题具有优势呢？我们发现，声音似乎是解开这一千古之谜的重要线索。事实上，关于"吾""我"之异，早有乾嘉学者开语音轻重讨论的先声，这之后，章太炎、俞敏两位先生对此问题均有精辟的论述。近年来，冯胜利教授将这一问题纳入到系统的韵律研究中，提出了韵素对立的新观点。本书正是在此研究的基础上展开的上古汉语韵素分析的一个典型案例，尝试探索"吾""我"互换的真正机制。

　　全书的主要内容基于本人博士论文《从"吾""我"的互补分布看上古汉语韵素的对立》中的主要观点。2010年，我从清华大学毕业，来到香港中文大学求学，那时的我并不知道即将面临求学路上前所未有的考验。在香港学习的四年时间中，我跟随冯胜利教授系统地学习韵律音系学、韵律句法学、训诂学的相关理论，得到老师悉心的指导。老师对我十分严格，要求我集中学习汉语音韵学和现代音系学的研究成果，每周都要汇报学习进展和新的发现。我在老师的指导下，了解了科学的推演方法，接受了一系列逻辑的训练。

本书的选题是经历了多次变动才最终确定的。在与冯老师不断的讨论中，老师鼓励我，证明上古汉语是韵素敏感型语言对汉语史的研究意义重大，不如就穷尽地分析最为典型的一组——"吾""我"对立现象，对其做全面的描写。选题确定之初，我带着开创崭新研究领域的兴奋，信心满满，但慢慢就发现，这是一项极其艰巨的工作。前辈学者在谈及二者对立的时候，虽有语音上的描述，但从未提到二者非此即彼的分布条件。若要证明韵素对立的存在，讨论产生对立的根本原因，必须找到它们互补分布的位置，这就意味着要寻找一系列鉴别上古汉语语音系统中语音轻重实现的方式，同时进行证明和推演。材料上的穷尽描写也不是单纯的数据统计，而是包含了对韵素理论涉及的材料、方法的全面研究。这是一项全新的语音学的尝试。

记得在一次会议上，一位老师就我已完成的章节提出疑问：既然已有研究提出诸如"'吾'轻'我'重""'我'是句子焦点，'吾'不做焦点"这样的观点，就意味着已有人指出了二者的差别来源于语音的差异，那么你的研究其意义究竟在哪里？这个问题让我进一步思索本书的真正价值，我想这其中的意义有以下几点：第一，在上古音系中，"吾"怎么轻，"我"哪里重，以前不知道；第二，在分布上，哪里轻，哪里重，以前也不知道；第三，轻重是韵律，那么先秦的韵律结构是怎么样的，以前没有相关研究；第四，为什么"吾""我"在先秦有轻重之别，西汉之后就没有了，以前也不知道；最后，韵律音系上如何解释代词也有轻重之别（代词在韵律上是隐形的，应轻读），以前的研究也没有解释过。以上五个方面，本书均一一予以论证，这都是本书不同于以往研究的重要之处。

在写作过程中，我几乎每天都会遇到困难，既有理论上的，也有材料上的。比如为印证上古汉语韵素对立的理论，不仅需要现代音系学原理的佐证，还要同时引证历史音韵学中上古音研究的材料和结论；为全面描写对立的分布，不仅要处理传世文献材料，也要考察出土文献中是否存在规律的反例。我边补课边写作，发现了很多尘封的宝贵的语言材料。

在我遇到困难的时候，老师常常提醒我：做学问必须要下苦功夫。走路要想问题，吃饭要想问题，睡觉都要想问题。有句话是"不疯魔不成活"，做学问必须要达到这个境界。老师的言传与身教极大地触动了我。正是因为老师的严格要求和不断的鼓励、鞭策，我才有勇气克服重重困难，尝试结合音系学与传统古音学的成果，对古汉语的语音做出一项全新的研究。借此机会，向老师表示我深深的感激。

文稿的撰写，还离不开许许多多关心帮助我的师友。沈培老师常常指出书中的不足，迫使我对相关问题进行更深入的思考。万波老师从音韵学理论方面给予了我宝贵的建议。在博士论文的答辩过程中，潘悟云老师亲临香港作为论文的外审委员，对论文的成果给予了高度的评价，对我给予了极大的鼓励。本书的相关章节曾几次在香港中文大学中文系讲论会上宣读，得到了来自系里同学们诸多有益的建议。我在中文大学蒙老师们无私的关怀、同学们热情的帮助，这一切让我终身难忘。

我更要感谢本书编辑刘奕君老师辛苦的修改、校订，使得这本小书能够顺利出版。

最后，我要感谢我的父母，是他们给予了我语言文字的启蒙，培养了我对中国语言文学的热爱。三十几年来，他们始终尊重我求学的选择，无条件支持我，无微不至地照顾我。没有他们的支持就没有我所有的一切。

赵璞嵩

2018 年 9 月